W0411982

Waltraut Singer · Erika Schirmer

Der neue Daumen KNUDELDICK

Der neue Daumen Knudeldick

Fingerspiele, Streichel- und Trostreime,
Kniereiter, Handklapp- und Fingerpuppenspiele
für die Jüngsten

Herausgegeben und bearbeitet von Waltraut Singer
Neue Texte und Lieder von Erika Schirmer
Illustrationen von Cornelia Funke

Otto Maier Ravensburg

6 5 4 3 96 95 94 93

Gesamtgestaltung: Cornelia Funke und Rolf Frahm
Umschlaggestaltung: Rolf Frahm
Umschlagillustration: Cornelia Funke
Redaktion: Sybille Siegmund
Printed in Germany
ISBN 3-473-41079-9

Inhaltsverzeichnis

Zur Einleitung

Kinderreime und Fingerspiele sind in der heutigen Kinderwelt noch immer beliebt und behaupten ihre Daseinsberechtigung trotz hochmoderner anderer Kommunikationsmittel. Vor allem dort, wo ein Baby geboren wurde, entsinnt man sich in der Familie beim Spiel mit dem Kind, der einst in der eigenen Kindheit gelernten Verse und Spielweisen und sucht nach neuen.

Erzieherinnen in Krippen und Kindergärten erkennen immer mehr, welch wertvolle pädagogische und literarische Mittel Reime und Fingerspiele sein können, auf welch ganz altersspezifische Weise man mit ihrer Hilfe die sensomotorische, sprachlich-geistige und emotionale Entwicklung des Säuglings, des Kleinkindes und des Kindergartenkindes fördern kann.

Unsere Sammlung möchte Eltern und Erzieherinnen begleiten und ihnen Anregungen geben, wie sie mit Kinderreimen und Fingerspielen das Leben der Kinder in der Familie oder im Kindergarten bereichern können.

Wir möchten allen diese reizvolle Volkspoesie und auch Neugeschaffenes nahebringen und unentbehrlich machen, indem wir Angebote für jede Stufe in der frühen Entwicklung des Kindes bieten: für den Strampler auf dem Wickeltisch, für den entdekkungsfreudigen Krabbler, für das Kleinkind und für das spielfreudige Kindergartenkind.

Mit Reimen und Fingerspielen läßt sich der Tagesablauf der Kinder recht abwechslungsreich gestalten, man kann viele Tätigkeiten in heiterer Weise begleiten: das Füttern, Waschen, Wickeln und das Laufenlernen. Mit Reimen und Streichelspielen läßt sich das Kind gern trösten, aufheitern oder auf das Einschlafen einstimmen. Spiele und Reime ermuntern und bestätigen die Kinder bei ihren täglichen Erkundungen, denn Erlebtes und Erfahrenes spiegelt sich vielfältig in den Reimen wieder.

Bei einem Fingerspiel kann das Kind die zärtliche Zuwendung

des Erwachsenen fühlen, Geborgenheit und eine heitere Atmosphäre erleben, was gerade in diesen Altersstufen wichtige und günstige Bedingungen für psychisches und physisches Wohlbefinden sind.
Waschen, Wickeln und Anziehen sind oftmals für die Kleinen zu lang dauernde Prozeduren, bei denen sie leicht ungeduldig werden. Welch gute Möglichkeiten hat man dabei, mit dem Kind zu sprechen, mit einem Finger seinen Arm hinaufzuspazieren, es ein wenig am Ohr, an der Nase zu zupfen und andere Streichel- und Kosespiele oder Strampelspiele zu machen.
Von den ersten Lebenswochen an kann man auf diese Weise mit dem Baby kommunizieren, sich mit ihm mittels der Körpersprache verständigen. Ein Streichelspiel, bei dem die Mutter mit ihren Fingern Babys Körper berührt, den Arm hinaufspaziert oder über die Händchen streicht, erregt bereits seine Aufmerksamkeit. Es spürt ihren freundlichen Singsang und sieht die sich bewegenden Finger. Mit lebhaften Bewegungen und Lautäußerungen reagiert es auf diese ihm angenehmen Reize. So läßt sich auch ein kleines Kind mit einem Kose- oder Trostreim sehr leicht beruhigen, von einem unangenehmen Ereignis ablenken und trösten.
Welches Vergnügen aber bereiten Mutter, Vater und dem Kind erst die Strampelspiele, die Verse mit Antippen und Bewegen der einzelnen Körperteile! Obendrein treibt das Baby dabei noch Beingymnastik und lernt sich selbst ein wenig kennen.
Mit einem so einfachen und uralten Spiel wie „Jetzt krabbelt ein Mäuslein“ nimmt man auch mit schüchternen Kindern schnell Kontakt auf. Das mag wohl auch ein Grund dafür sein, daß diese Reime und Spiele lebendig geblieben sind.
Populär sind auch die Schaukel-, Schoß- und Kniereiterspiele, Spiele inniger Vertrautheit der Eltern, der Großeltern oder der Erzieherinnen mit dem Kind. Die bei diesen Spielen entstehende fröhliche Unbeschwertheit, die Spannung und auch den Übermut beim „Hinunterplumpsen“ sollte kein Kind vermissen müssen! Kinder geben sich diesen Kniereiterspielen völlig hin, im Ver-

trauen darauf, daß der Erwachsene sie ja doch nicht wirklich fallen lassen wird. Je älter die Kinder sind, desto lebhafter können diese Reiterspiele gespielt werden. Für die Kleinsten, die Babys im ersten Lebensjahr, empfehlen wir dagegen sanftere Schaukelspiele, bei denen das Kind auf den angewinkelten, geschlossenen Oberschenkeln des Erwachsenen liegt und ihn anschaut, während er es an den Händchen festhält. Bewegt er nun die Beine sanft hin und her, entstehen leichte Schaukelbewegungen. Das Kind muß seinen Kopf ausbalancieren, wenn das Schaukeln nach rechts und links, nach oben und unten erfolgt.

Am Abend hilft ein Einschlafritual dem Kind, einen ruhigen Übergang vom Umherkrabbeln, Laufen und Spielen zum Schlaf zu finden. Ein Kuschel- oder Einschlafreim gehört dazu. Das Kind nimmt sein Kuscheltier in den Arm, der Erwachsene spricht leise die Verse, singt, oder die Einschlafuhr spielt eine bekannte Melodie, dabei klingen die Aufregungen des Tages aus. Jeden Tag kann ein solches Ritual in gleicher Weise ablaufen, denn Kinder mögen Wiederholungen.
Die Grundlage von Fingerspielen, die den größten Anteil in unserer Sammlung bilden, sind ebenfalls Kinderreime oder gereimte Geschichten. Deshalb sind sie den Kindern auch schon frühzeitig verständlich. In einfachster Art und Weise erhalten die Kin-

der durch Fingerspiele Impulse zum Kennenlernen des eigenen Körpers, insbesondere der Finger und Hände. Sie üben die Beweglichkeit der Finger, es entwickelt sich die Feinmotorik, die Koordinierung von Augen- und Handbewegungen. Beim Sprechen und Aneignen der Reime lernen sie viele neue Worte, üben das Sprechen und werden vielseitig geistig und sozial aktiviert.

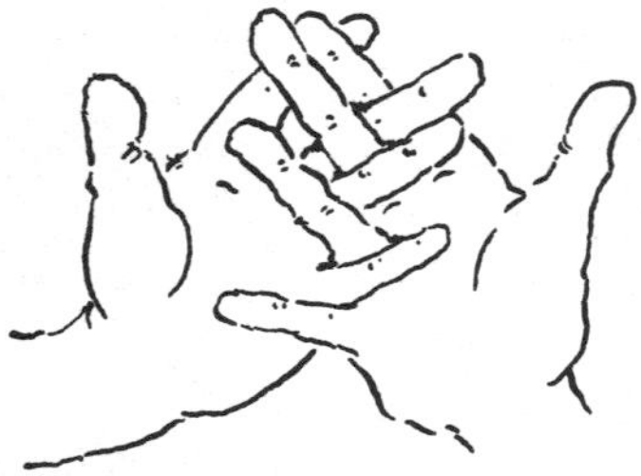

Wie wir wissen, sind die Finger bereits für den Säugling interessant. Er spielt mit ihnen, betastet und greift nach allem, was in seine Reichweite gelangt, und lernt so mit seinen Händen die Umwelt „begreifen". Spielt dann die Mutter mit ihm, hält seine Finger fest, zählt sie, gibt ihnen Namen, bewegt sie im Spiel vor seinen Augen, so hat das Kind gleich mehrere Anforderungen zu bewältigen. Es beobachtet, verfolgt die Hände der Mutter mit den Augen, hört auf die Worte, die sie spricht, hebt seine eigenen Hände und versucht, diese Eindrücke nachzuahmen, zu verarbeiten.
Beim Mitspielen muß das größere Kind die Eindrücke des ihm vorgeführten Spiels mit seinem selbst imitierten Spiel vergleichen und gegebenenfalls korrigieren. Durch die Verbindung von Sprache und Bewegung entstehen motorische Vorstellungen von jedem Fingerspiel. Die Worte und Handlungen werden mit Hilfe der Hände in Bewegungen umgesetzt und nehmen so für das Kind Gestalt an. Es ist schon ein recht anspruchsvoller geistiger Prozeß, den das Kind bei der Aufnahme und Wiedergabe eines Fingerspiels zu vollziehen hat.

Durch Fingerspiele können dem Kind viele Informationen vermittelt werden. Dem Wesen des Spiels entsprechend, spiegelt sich in ihnen objektive Realität und erlebte Umwelt des Kindes wider. Vieles, was ein Kind interessiert, findet es in Fingerspielen nachgestaltet. Vorwiegend sind es Gegenstände, die sich bewegen oder bewegt werden, die seine Aufmerksamkeit erregen, z. B. das vor seinen Augen aufgehängte Spielzeug, ein Fähnchen, Glöckchen oder die Uhr. Fahrzeuge, aber auch Naturerscheinungen wie Wind, Regen, Sonnenstrahlen, Blätterfall, Schneefall, das Werden und Wachsen von Tieren und Pflanzen werden den Kindern in Fingerspielen nahegebracht und erlebbar gemacht. Das Spiel „Das Vogelnest“ ist ein Beispiel dafür, mit welch einfachen aber wirkungsvollen Mitteln man einen Vorgang, wie z. B. das Brüten und Füttern der Vögel, im Spiel nachvollziehen und ihn den Kindern verständlich machen kann.
Viele Fingerspiele sind uns überliefert, sie stellen als Spiegelbild ihrer Zeit oft Ereignisse aus dem Leben der Menschen vergangener Zeiten dar. So finden wir in älteren Fingerspielen häufig die Hasenjagd, die Jagd der Katze nach der Maus und das Heimbringen der Haustiere in den Stall. Naturliebe, der Schutz der Tiere vor Gefahren, das sind Anliegen, die auch heute für unsere Kinder große Bedeutung haben und diese Spiele erhaltenswert machen. Tätigkeiten, wie z. B. das Verkaufen in „Max und Moritz im Laden“, bilden Brücken zum eigenen Tun.
Das Interessante an diesen Spielen sind jedoch zweifellos die Bewegungen. Sie wurden von Generation zu Generation weiterentwickelt und durch das lebendige Spiel weitergegeben. Und so sollte es auch weiterhin geschehen. Aufzeichnungen der Möglichkeiten, mit bestimmten Fingerstellungen z. B. ein Haus darzustellen oder ein Tier durch Fingerbewegungen „lebendig“ werden zu lassen, gibt es viele, aber sie bleiben ein Hilfsmittel im Vergleich zu einem unmittelbar vorgeführten Fingerspiel.
Mit den Bewegungen übernehmen die Kinder allmählich auch die sprachliche Form des Spiels, die Reime. Dabei helfen ihnen

die darin vorkommenden Klangbilder, Silbenverbindungen, die rhythmischen Elemente und auch Begriffspaare, die in diesen Spielen vorkommen und die obendrein sehr lustig sind. Neue Wortschöpfungen, wie z. B. „Der Fleischer Haugenau“, „Der Tischler Holzbeschau“, „Die Hexe Krimskrawall“, „Der Räuber Überfall“ u. ä. machen das Erlernen der Reime fast mühelos.
In vielen Spielen kommen die Wörter groß und klein, dick und dünn, oben und unten, schnell und langsam vor. In Spielhandlungen eingekleidet, nehmen sie für die Kinder Gestalt an und werden ihnen so verständlich. Sprache und Bewegungsrhythmus gehören im Fingerspiel eng zusammen und sollten beim Spielen nicht getrennt werden. Wird ein Fingerspiel mit Gesang begleitet, erweitert sich der rhythmische Aspekt, denn nun können die Bewegungen im Takt der Melodie erfolgen. Wer vertonte Fingerspiele mit Kindern gespielt und gesungen hat, wird uns zustimmen, daß erst diese Einheit von Spiel, Bewegung und Gesang das Poetische, Dramatische und Humorvolle dieses oder jenes Spiels zum Ausdruck zu bringen vermag.

Wie kann man Kindern ein Fingerspiel nahebringen?
Jedes Spiel beginnt mit dem Vorspiel. Dabei werden sofort auch Impulse zum Mitspielen beim zuschauenden Kind ausgelöst. Bis zur völligen Aneignung sind bei den einfachen Texten meist nur einige Wiederholungen nötig. Ein unbekanntes Fingerspiel spielt man zunächst langsam, aber sehr ausdrucksvoll vor. Es empfiehlt sich, gut akzentuiert zu sprechen und eindeutige, nachvollziehbare Bewegungen auszuführen. Spannende Momente können durch Tempoveränderungen und das Heben oder Senken der

Stimme verstärkt werden. Die Bewegungen müssen in ihrem Ablauf sehr synchron mit dem Text erfolgen. Ein Vorspiel sollte möglichst immer als Einheit von Text und Bewegung bzw. Melodie dargeboten werden, das erleichtert das Verstehen und Nachvollziehen des Spiels.

Einen komplizierten Bewegungsablauf kann man den Kindern auch einmal gesondert vorspielen, z. B. die Stellung der verschränkten Finger in dem Spiel „Max und Moritz im Laden". In den Spielen „Das Vogelnest" und „Der Milchtopf" ist der unterschiedliche Einsatz der rechten und der linken Hand erforderlich, die ganz verschieden zu agieren haben, in Beziehung zueinander treten müssen. Das Kind muß dabei Raum und Richtung beachten, wie rechts, links, oben, unten. Das erfordert mehrfaches Vorspielen und etwas Übung.
Ist eine schwierige Bewegungsfolge zu vollziehen, wie beim Spiel „Der Milchtopf", kann man dem Kind anfangs durch Mitbewegen und Führen der Hände helfen, die Bewegungen genau und fließend ablaufen zu lassen.
Ausgangspunkt vieler Spiele, in denen Finger benannt werden, ist stets das Antippen, Zählen und Benennen der Finger in ihrer natürlichen Reihenfolge. Unterschiede der Finger werden in poetischer Weise charakterisiert und interpretiert: Der Daumen ist immer der Dicke, Gewichtige; der kleinste Finger ist der Tolpatsch, mitunter aber auch der Gewitztere von allen, mit dem sich das Kind deshalb leichter identifizieren kann.

Das bewußte Bewegen einzelner Finger gelingt anfangs nur wenigen Kindern, auch die Namen sind ihnen nicht bekannt. Man beginnt also am besten damit, jeden einzelnen Finger zu beugen oder anzutippen und dabei zu benennen. Als kleine Erinnerungshilfen eignen sich z. B.: mit dem Zeigefinger auf einen Gegenstand zeigen; den Daumen kreisen lassen, ihn auf Papier drucken lassen; dem Mittelfinger ein Hütchen, dem Ringfinger einen Papierring aufsetzen. Fünf verschiedenfarbige Fingerhüte geben einem Fingerzählspiel einen ganz besonderen Reiz! So prägt sich das Kind am schnellsten die Reihenfolge der Finger ein.
Ein beim Malen oder Schreiben durchgedrückter Finger zeigt uns Verkrampfungen der Hand an. Hier sind Lockerungsübungen nötig, die man mit Spielen wie „Zehn kleine Krabbelfinger“ ausführen kann.
Für größere Kinder, die den Daumen- und Fingerzählspielen entwachsen sind, gibt es auch noch interessante Spiele mit Fingern und Händen, die mehr Wettspielcharakter haben und in der Gruppe gespielt werden, wie „Händeberg“ und „Kommando Pimperle“. Auch Handklappspiele sind bei Schulkindern noch sehr beliebt, denn hierbei können sie Geschicklichkeit und Gefühl für Bewegungsrhythmus beweisen.
Wer Kindern gern Überraschungen bereiten und ihnen etwas vorspielen möchte, dem sind die Taschentuchspiele und kleinen lustigen Dialoge empfohlen, die man mit Fingerpuppen und einfachen Requisiten aufführen kann.
Bleibt zum Schluß noch der Wunsch, daß allen, die in unserer Sammlung blättern, das Spiel mit den Fingern gelingen und viel Spaß bringen möge!

Waltraut Singer

Streichel- und Kosereime

Wer kommt?

Ei, wer kommt denn da daher?
Ist das nicht ein brauner Bär?
Mit flachen Händen auf den Tisch schlagen.

Oder gar ein Elefant
aus dem fernen, heißen Land?
Mit den Fäusten auf den Tisch trommeln.

Nein, es ist ein kleines Mäuschen,
und es sucht ein kleines Häuschen.
Ei, wo ist es, sag es doch!
Hier – ein wuzi-buzi kleines Mauseloch!
Mit den Fingern auf der Tischkante krabbeln, dann langsam an der Brust des Kindes bis zum Hals hinauf, wo das „Mauseloch" ist.

J. Huber

Längweis, kreuzweis

Längweis,
kreuzweis,
kille Fingerlein,
kribbele, krabbele!

Bei „längweis" über die Länge der Hand streichen, danach über die Breite. Bei „kille" mit dem Zeigefinger in die Hand tippen, bei „kribbele" kitzeln.

Ist das ein Hund?

Ist das ein Hund?
Nein, nein, mein Mund!
Ist das ein Tor?
Nein, nein, mein Ohr!
Ist das ein Hase?
Nein, nein, meine Nase!
Ist das ein Topf?
Nein, nein, mein Kopf!
Klopf, klopf, mach auf
und laß mich ein!
Wir wollen gute Freunde sein.

Die einzelnen Körperteile werden angetippt, das Kind soll bei der Wiederholung des Reimes selbst antworten.

Taler, Maler

Taler, Maler,
Kühchen, Kälbchen,
Schwänzchen,
Dideldideldänzchen.

Sälzchen, Schmälzchen,
Butterchen, Brötchen,
Krabbelkrabbelkrötchen.

Elschen, Schmälzchen,
Kille, kille, kille.

Bei jedem Wort in die Hand des Kindes einen Patsch geben; bei „Dideldideldänzchen" und „Kille, kille" in der Handfläche krabbeln.

Wer ist denn das?

Wer ist denn das? Wer ist denn das?
Wen habe ich denn hier?
Ist das nicht mein Schmuseschatz,
der da lacht mit mir?
Schmusekätzchen – Schmuseschätzchen
sitzt auf meinem Schoß.
Schaut euch unser Kindchen an,
das ist ja schon sooo groß!

Arme des Kindes bei „sooo" hochstrecken lassen.

Ein weisses Zicklein

Ein weißes Zicklein
geht auf ein Brücklein.
Da kommt ein Mücklein
und pikt das Zicklein.
Es purzelt vom Brücklein
und schreit: Mäh – mäh!

Zeige- und Mittelfinger des Kindes spazieren über die Hand der Mutter (oder des Spielpartners). Bei „Mücklein" wird das Kind leicht in den Handrücken gezwickt, und die Hand fällt herab.

Rumpelstilzchen

Rumpelstilzchen – Pumpelstilzchen,
hat ein Näschen, hat ein Mündchen,
ganz genau wie unser Kindchen.

Rumpelstilzchen – Pumpelstilzchen,
hat zwei Arme, hat zwei Beinchen,
ganz genau wie unser Kleinchen.

Rumpelstilzchen – Pumpelstilzchen,
hat zwei Hände und zwei Füßchen
und kriegt auf den Bauch ein Küßchen.

Jeweils die genannten Körperteile antippen oder anfassen bzw. hochheben, zuletzt ein Küßchen geben.

Auf dem Markt

Da hast ’nen Taler,
geh auf den Markt,
kauf dir ’ne Kuh
und ein Kälbchen dazu,
das Kälbchen hat ein Schwänzchen,
Am kleinen Finger ziehen.

didel didel dänzchen!
Die Handfläche des Kindes kitzeln.

Patsche Kuchen

Kindchen, wollen es versuchen,
uns zu backen einen Kuchen:
Patsche, patsch den Kuchen glatt.
Der Bäcker sagt: „Nun hab ich’s satt,
bringt mir doch den Kuchen bald,
sonst wird ja der Ofen kalt.“
„Bäcker! Hier ist mein Kuchen fein,
back ihn für mein Kindlein klein.
Tief in den Ofen schieb ihn ein!“

Nach F. Fröbel

Gespielt wird wie bei den vorausgegangenen Spielen; bei „schieb“ den Arm ausstrecken, die Hand flach halten.

Breit aus meine Arme

Breit aus meine Arme, doch noch sind sie leer.
Wo kriege ich nur einen Schmuseschatz her?
Da ist er! Schon hab ich ihn hochgehoben!
Da lacht er und strampelt vergnügt da oben.

Wo ist mein Kind?

Wo ist mein Kind? Wo ist mein Kind?
Ich kann es gar nicht sehen!
Ich such in allen Ecken,
wo kann es sich verstecken?
Sag doch einmal „piep"!
Komm her, ich hab dich lieb!

Ich steh in der Ecke

Ich steh in der Ecke und zähle bis zehn.
Versteck dich! Versteck dich, ich will dich nicht sehn!
1 – 2 – 3 – 4 – 5 –
6 – 7 – 8 – 9 – 10
Achtung! Achtung! Streuselkuchen,
jetzt werde ich mein Kindchen suchen.

Rische, rusche, rasche

Rische, rusche, rasche,
was hab ich in der Tasche?
Hab ich eine Nuß bei mir?
Komm herbei und hol sie dir!

Rische, rasche, rei,
Mäuschen komm herbei.
Sag, wo willst du wohnen?
Unten oder oben?

Rische, rasche, rusche,
der Hase sitzt im Busche.
Häschen, Häschen, komm heraus
aus deinem kleinen Hasenhaus!

Man versteckt ein kleines Geschenk in der Hand, setzt dann die Fäuste abwechselnd übereinander; das Kind muß am Ende des Reimes raten, in welcher Hand das Geschenk steckt.

Eia, mein Kindchen

Eia, mein Kindchen, ich hab dich so lieb.
Zum Schmusen und Streicheln dein Händchen mir gib!

Eia, mein Kindchen, ich hab dich so lieb.
Zum Schmusen und Streicheln dein Beinchen mir gib!

Eia, mein Kindchen, ich hab dich so lieb.
Zum Schmusen und Streicheln dein Köpfchen mir gib!

Dem Text entsprechend Hände, Beine und das Köpfchen des Kindes streicheln.

Seh ich ein Näslein

Seh ich ein Näslein, möcht ich zupfen;
seh ich ein Härchen, möcht ich rupfen;
seh ich einen Rücken, möcht ich patschen;
seh ich eine Wange, möcht ich klatschen;
seh ich einen süßen Mund, möcht ich küssen.

Jetzt krabbelt ein Mäuslein

Jetzt krabbelt ein Mäuslein,
es will in das Häuslein.
Das Mäuslein macht „piep"!
Ich hab dich so lieb!

Mit zwei Fingern den Arm des Kindes bis zum Hals hinauflaufen; bei „piep" am Ohr kraulen.

Täubchen gurren

Täubchen gurren, Kätzchen schnurren,
Vöglein singen, Pferdchen springen.
Und was kann mein Kindchen machen?
Lachen!

Das Kind kitzeln, bis es lacht.

Bitsche, batsche, Kuchen

Bitsche, batsche, Kuchen,
der Bäcker hat gerufen.
Er hat gerufen die ganze Nacht,
Maria hat kein' Teig gebracht,
drum kriegt sie auch kein' Kuchen.

Bitsche, batsche, Eierkuchen,
kommt ein Kätzchen, will versuchen.
Nein, du darfst ihn nicht versuchen,
's ist ein gar zu guter Kuchen!

Man gibt dem Kind jeweils beim letzten Wort der Zeile einen leichten Klapps auf die flache Hand.

Ich möchte so gerne schmusen

Ich möchte so gerne schmusen.
Wen suche ich mir aus?
Wo ist ein kleiner Ilsebill,
der mal mit mir schmusen will?
Vielleicht ist er im Haus?

Wer möchte mich mal streicheln?
Wer sucht sich mich mal aus?
Wo ist ein kleiner Ilsebill,
der mich auch mal streicheln will?
Vielleicht ist er im Haus?

Trostreime

Ach, mein Kindchen weint so sehr

Ach, mein Kindchen weint so sehr!
Ach, mein Kindchen hat es schwer!
Zeig mal, wo es weh tut!
Ff – ff – ff – ff – nun ist's wieder gut.

Nicht weinen!

Nicht weinen! Nicht weinen!
Gleich ist alles wieder gut!
Das Wehweh soll weggehn,
es tut gar nicht gut.
Fenster auf – hinaus mit dir!
Türen auf – hinaus mit dir!
Einmal Regen – einmal Schnee –
und schon tut es nicht mehr weh.

Mein Liebchen hat sich weh getan

Mein Liebchen hat sich weh getan.
Es fiel auf seine Nase.
Zeige mir, wo tut's denn weh,
daß ich drüber blase:
F – f – f – f – f – …

Heile, Kätzchen, heile

Heile, Kätzchen, heile,
die Katze hat vier Beine.
Vier Beine und ’nen langen Schwanz,
morgen ist alles heil und ganz.

Nun hast du schon so viel geweint!

Nun hast du schon so viel geweint!
Komm doch zu mir herüber!
Schau, wenn du gar zu lange weinst,
läuft’s Tränenfäßlein über.

Wo tut’s weh?

Wo tut’s weh?
Hol ein bißchen Schnee,
hol ein bißchen kühlen Wind,
dann vergeht es ganz geschwind!

Wo tut’s weh?
Trink ein Schlückchen Tee,
iß ’nen Löffel Haferbrei,
morgen ist es längst vorbei!

Sag, warum du traurig bist

Sag, warum du traurig bist,
das kann ich gar nicht sehn.
Komm ganz dicht an mich heran,
gleich wird es bessergehn!

Ach, was kann ich denn nur machen?

Ach, was kann ich denn nur machen,
denn mein Kind soll wieder lachen.
Auf den Arm will ich dich heben,
dann wolln wir ein Pflaster kleben
auf ...   und du wirst sehn,
(das Knie,
den Arm,
das Bein usw.)
morgen wird's schon bessergehn!

Heile, heile Segen!

Heile, heile Segen!
Drei Tage Regen,
drei Tage Sonnenschein,
dann wird's wieder besser sein.

Schi-scha-schumschei

Schi-scha-schumschei,
böse Träume gehn vorbei.
Wir wolln nicht mehr dran denken.
Will dir ein Nüßchen schenken.
Da drinnen hör ich's klingen,
will dir ein Liedchen singen.

Mein ... hat sich weh getan

Mein ... hat sich weh getan.
Was wollen wir jetzt machen?
Es weint so sehr, es weint so sehr,
kann überhaupt nicht lachen.
Kommt ein kleiner Schmuseschneck,
trägt die dummen Schmerzen weg.

Was hat denn mein Schätzchen?

Was hat denn mein Schätzchen?
Was tut ihm denn weh?
Wir pusten die Schmerzen
hinein in den See.

Da hat sich jemand weh getan

Da hat sich jemand weh getan,
jetzt geht's eins-zwei-drei.
Aus dem dicken Zauberbuch
sagen wir den Zauberspruch:
„Brix – brax – breile –
wird alles wieder heile!"
Und alles ist vorbei.

Ach, du dummes Wehchen

Ach, du dummes Wehchen!
Ich koch dem Kind ein Teechen.
Da kommt ein Löffel Honig hinein,
und schon braucht's Kind nicht mehr zu schrein!
Doch vorher, da pusten wir feste:
f – f – feste, f – f – feste …

Hat mein Kindchen „bautz" gemacht?

Hat mein Kindchen „bautz" gemacht?
Fängt gleich an zu weinen.
So viel Tränen! So viel Wasser!
Bäckchen werden naß und nasser.
Sonne muß jetzt tüchtig scheinen.
Schon hört's Kindchen auf zu weinen.

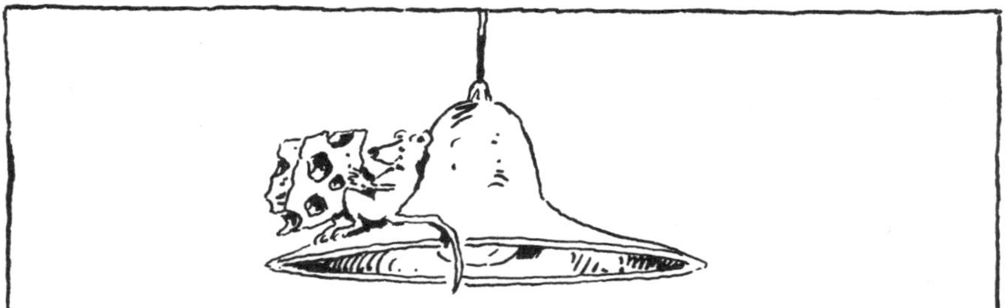

Beim Essen

Das Kindchen hat den Brei geschleckt

Das Kindchen hat den Brei geschleckt,
hat sich das Mündchen blankgeleckt.
Es reckt sich und streckt sich
und wird sooo groß!

Das Kätzchen hat die Milch geschleckt,
hat sich das Mäulchen blankgeleckt.
Es reckt sich und streckt sich
und wird sooo groß!

Arme bei „sooo" hochstrecken lassen.

Mahle, mahle Grützchen

Mahle, mahle Grützchen,
schütt mir was ins Büchschen,
gib dem was,
gib dem was,
gib dem was,
gib dem was.
Aber dem, dem geben wir nix!

Die linke Hand ist das „Büchschen", in dem man mit dem rechten Zeigefinger herumrührt; dann werden die Finger nacheinander mit dem rechten Zeigefinger angetippt, am kleinen Finger aber wird gezupft.

So morgens um halb acht herum

So morgens um halb acht herum:
Rumpumpel macht das Mäulchen krumm.
Und keine fünf Minuten drauf
wacht Rumpumpel auf.

Hu! Kommt der kalte Badeschwamm,
Rumpumpel hält die Ohren stramm.
Und schlägt die Ticketacke acht,
wird ihm die Milch gebracht.

Die schmeckt Rumpumpel aber fein.
Er patscht mit beiden Fäustchen drein
und trinkt und trinkt, bis alles leer.
Rumpumpelchen, das freut mich sehr:
Morgen gibt's gut Wetter!

P. Dehmel

Schlücken, Schlücken

Schlücken, Schlücken,
fahr übern Rücken,
fahr übern Rhein,
laß unsern Schelm allein.

So lange ohne Atemholen sagen, bis der Schluckauf vergangen ist.

Schluckauf und ich

Schluckauf und ich
gingen übern Steg.
Schluckauf fiel hinein,
und ich lief weg.

Die Tasse ist leer, der Teller ist leer

Die Tasse ist leer, der Teller ist leer,
das Kindchen ist satt und will gar nichts mehr.
Gleich fallen ihm seine Äugelein zu,
rasch ausziehn das Höslein, die Strümpf und die Schuh,
jetzt geht es ins Bettchen, dann schläft es im Nu.
Pst! – Pst!

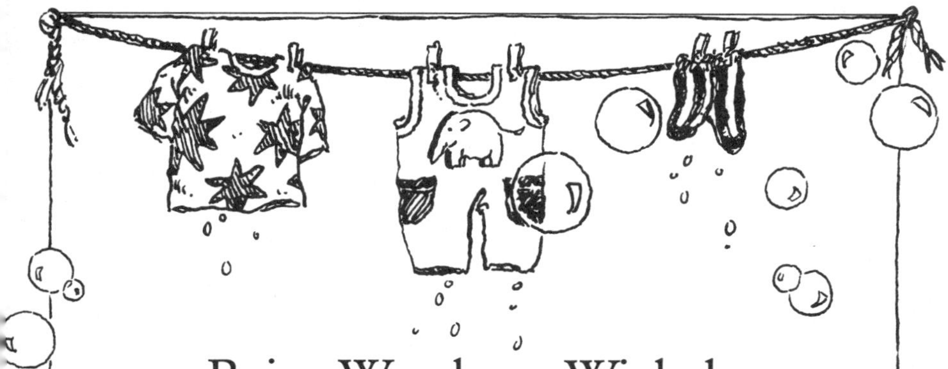

Beim Waschen, Wickeln und Anziehen

Ohren trocknen

Eins, zwei, drei, vier, fünf und sechs,
auf die Nase einen Klecks.
Sieben, acht und neun und zehn,
gleich wirst du mich nicht verstehn.
Ich zähle bis elf und zwölfe,
hier unter dem Gewölbe
sitzt eine kleine Mickymaus,
und die muß schleunigst wieder raus!

R. Pousset

Das Kind, von den Füßen angefangen, bei jeder Zahl antippen und mit dem Wattetupfer bei „Klecks" einen Tupf auf die Nase geben. Bei „nicht verstehen" hält man kurz ein Ohr zu und reinigt das andere. Dann zupft oder krabbelt man das Kind ein wenig am Ohr („unter dem Gewölbe"), reinigt mit dem Taschentuch das Ohr und spricht den letzten Vers dazu.

Mein Kindchen will baden

Mein Kindchen will baden,
das kann ihm nichts schaden.
Schon plumpst es ins Wasser
und wird immer nasser,
die Füße, die Beine,
der Po und der Bauch,
die Hände, die Arme,
das Haarschöpfchen auch.
Beim Klitschen und Klatschen,
beim Spritzen und Platschen
fühlt es sich wohl,
wie der Hase im Kohl.

Hochziehen

Auf und ab,
rauf und runter,
geht es immer wieder munter.
Guten Tag, auf Wiedersehn,
ich find, das machst du
wunderschön.

M. Austermann / G. Wohlleben

Mit diesem Vers kann man das Aufrichten und Hochziehen des Kindes an den Händen des Erwachsenen oder an Babyringen begleiten.

Miau macht die Katze

Miau macht die Katze;
i-a macht der Esel;
wau-wau macht der Hund;
ch-ch macht das Schwein.
Jetzt krabbelt die Maus
in dein Hemdchen hinein.

Kind am Hals krabbeln.

Mein Kind ist wie ein Häschen

Mein Kind ist wie ein Häschen.
Es hat ein kleines Näschen,
zwei Ohren und zwei Äugelein,
zwei rote Bäckchen, weich und fein;
noch Stirn und Kinn und Mündchen,
das alles hat mein Kindchen.
Hat Härchen so zum Wuscheln,
kann mit der (dem) ... kuscheln.

Nase, Ohren, Kinn usw. antippen, die Haare zärtlich wuscheln, zuletzt das Kind in den Armen wiegen.

Beim Schuhanziehn

Still gesessen, kleiner Wicht,
ohne Schuhe läuft man nicht.
Haben wir sie beide dran,
dann fängt erst das Spielen an.

Freu dich, Liesel

Freu dich, Liesel,
wirst gebürst',
morgen kommt die Tante.
Bringt ein Sack voll Leberwürst',
voll bis an die Kante.

Hans hat Hosen an

Hans hat Hosen an,
und die sind bunt.
Und ein Mützchen auf,
und das ist rund.
Kunterbunte Höschen,
Frack mit langen Schößchen,
Hans hat Hosen an,
und die sind bunt.

Seife und Hahn

Seife und Hahn,
das Waschen geht an.
Rubbel die Nas,
das Waschen macht Spaß.
Trockne die Händ,
das Waschen ist zu End.

H. Hüttner

Füsslein klein

Siehe Lied Seite 195

Die Kinder lieben es, ihre Füße, Arme und das Bäuchlein zu ergreifen. Im Säuglingsalter, wenn das Kind auf dem Wickeltisch liegt, kann man die kleine Melodie singen und die Glieder des Kindes dabei antippen, bald wird es diesen Vorgang nachahmen.

Beim Waschen

Wir machen ein Späßchen
und seifen das Näschen,
Stirn, Wangen und Mund.
Wasser ist gesund.

Mein Kind hat zwei Äuglein

Mein Kind hat zwei Äuglein,
mein Kind hat zwei Wangen,
mein Kind hat ein Näschen,
mein Kind hat zwei Ohren,
mein Kind hat zwei Ärmchen,
mein Kind hat zwei Händchen,
mein Kind hat zwei Beinchen,
mein Kind hat zwei Füßchen,
mein Kind hat ein Bäuchlein,
mein Kind hat ein Mündchen zum Lachen
und einen Hals zum kille-kille machen.

Alle aufgezählten Körperteile zärtlich berühren, zum Schluß das Kind am Hals kitzeln.

Wie sehn meine Hände aus?

Wie sehn meine Hände aus?
Seht sie euch nur an!
Von der Arbeit sind sie schmutzig,
denn ich hab gar viel getan.
In die Schüssel Wasser rein,
seif die Hände tüchtig ein,
schrubbel-rubbel, seht nur hin,
wie schön sauber ich jetzt bin.

Entsprechende Bewegungen mit den Händen passend zum Text ausführen.

Strampelverse

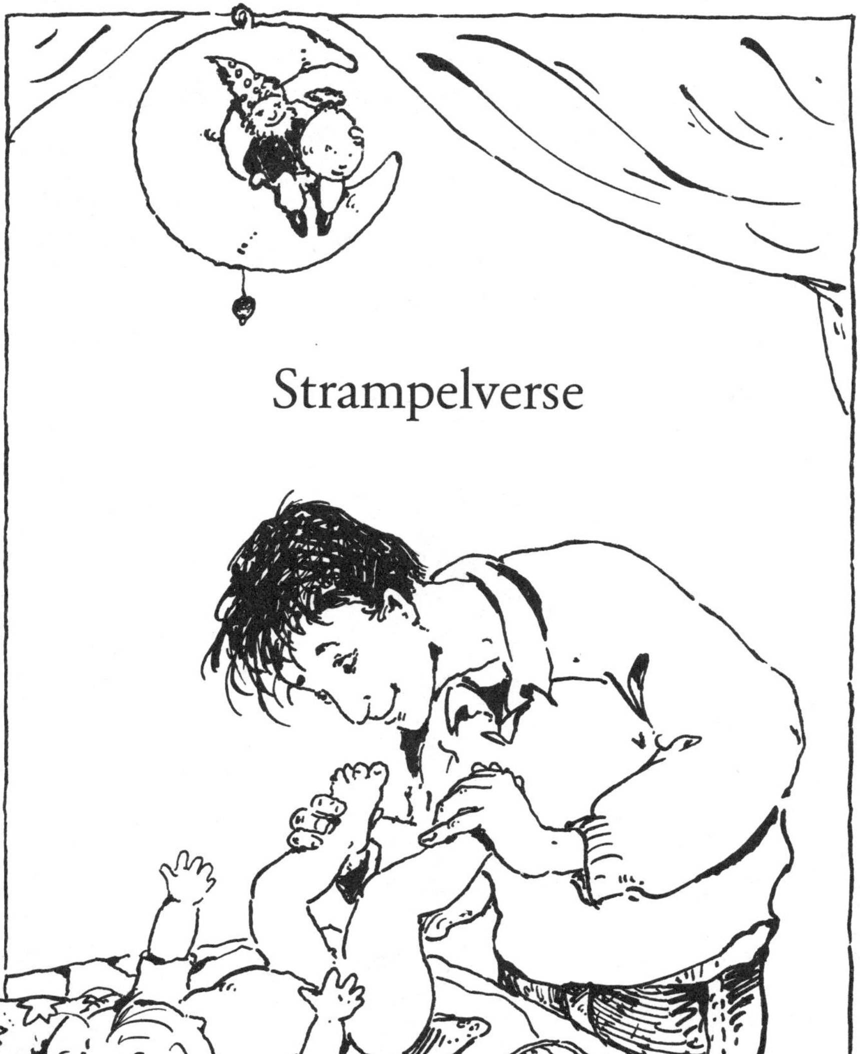

Grosse Uhren gehen tick-tack

Große Uhren gegen tick-tack, tick-tack,
kleine Uhren gehen tick-tack, tick-tack, tick-tack,
und die kleinen Taschenuhren gehen
ticke-tacke, ticke-tacke, ticke-tacke,
tick.

Das Kind liegt auf dem Wickeltisch, der Erwachsene faßt die Beine des Babys so, daß es seine Fußsohlen gegen die Handflächen des Erwachsenen stemmen kann. Dann bewegt er die Beine des Kindes hin und her, erst langsam, dann vorsichtig schneller.

Berliner Strampellied

Ich fahr mit meinem Fahrrad
von Spandau nach Berlin,
und wenn ich keinen Platten hab,
dann komm ich heut noch hin.
Nun muß ich heimwärts radeln,
das fällt mir gar nicht schwer,
die Mama steht am Fenster
und freut sich auch schon sehr.

M. Austermann / G. Wohlleben

Sagt ein Beinchen

Sagt ein Beinchen zu dem andern:
links, zwei, drei – wir wollen wandern,
weil das Wandern Freude macht,
wenn die liebe Sonne lacht.

Beinchen sind schon müd vom Laufen,
müssen neue Schuhe kaufen.
Diese hier – o jemine –
drücken schon den großen Zeh.

Liebe Beinchen, wißt ihr was?
Geht doch barfuß durch das Gras.
Gras ist weich, es macht nicht wund.
Barfußlaufen ist gesund.

E. Mund

Die Beine des Kindes an den Knöcheln fassen und im Rhythmus des Sprechens bewegen. Bei Vers eins die Füße sanft aneinandertippen, dann auf- und abheben; bei Vers zwei Tempo verlangsamen, Beine ablegen, am Zeh fassen. Beim letzten Vers Kind auf den Tisch oder Boden stellen, zum Laufen ermuntern.

Guten Morgen, ihr Beinchen!

Guten Morgen, ihr Beinchen!
Mit beiden Beinen des Kindes spielen.

Wie heißt ihr denn? –
Ich heiße Hampel,
ich heiße Strampel,
Die Beine des Kindes einzeln bewegen, heben, senken.

und das ist Füßchen Übermut,
und das ist Füßchen Tunichtgut.
Ebenso.

Übermut und Tunichtgut
gehen auf die Reise,
Die Beine des Kindes gegen die Handinnenfläche des Erwachsenen strampeln oder stemmen lassen, oder das Kind aufrichten, ihm beim Laufen helfen.

platsch durch alle Sümpfe –
naß sind Schuh und Strümpfe.
Guckt die Rute um die Eck,
Mit dem Kind schnell laufen oder es vom Boden heben und verstecken.

laufen alle beide weg!

P. Dehmel

Schaukel- und Schoßspiele

Mit einem Baby kann man noch keine wilden Kniereiterspiele veranstalten, für sie empfehlen wir sanftere Schaukelspiele.
Der Erwachsene sitzt auf dem Boden, das Kind liegt auf seinen angewinkelten Oberschenkeln ihm zugewandt, die Beinchen stemmen sich etwas gegen seinen Brustkorb.
Der Erwachsene hält das Baby an den Händen fest, dann schwingt er sich langsam nach hinten und wieder nach vorn, so wird das Baby ganz sanft geschaukelt.

Mal hin und mal her

Mal hin und mal her –
mal auf und mal nieder,
mal rechts und mal links,
und das immer wieder;
doch jetzt ist Schluß,
mein … kriegt 'nen Kuß!

Fährt ein Schifflein übers Meer

Fährt ein Schifflein übers Meer,
schaukelt hin und schaukelt her.
Kommt ein großer Pustewind,
fällt das Schiffchen um geschwind.

M. Austermann / G. Wohlleben

Kniereiter

Bei den folgenden Versen sitzt das Kind auf den Knien des Erwachsenen, der die Beine rhythmisch auf- und abbewegt und das Kind so „reiten" läßt. Das Tempo wird langsam beschleunigt, zuletzt läßt man das Kind nach hinten fallen, hält es dabei natürlich an den Händen fest.

Hopp, hopp, hopp

Hopp, hopp, hopp,
Pferdchen, lauf Galopp!
Über Stock und über Steine,
Pferdchen, brich dir nicht die Beine.
Hopp, hopp, hopp,
Pferdchen, lauf Galopp!

Brr, brr, he!
Pferdchen, steh doch, steh!
Kannst ja schon gleich weiterspringen,
muß dir erst noch Futter bringen.
Brr, brr, he!
Pferdchen, steh doch, steh!

Schacke, schacke, Rillchen

Schacke, schacke, Rillchen,
wir reiten auf dem Füllchen,
wenn wir größer werden,
reiten wir auf Pferden;
macht das Pferdchen tripp und trapp,
fällt der kleine Bub herab.

So reiten die Herren

So reiten die Herren:
hopp, hopp, Galopp.
So reiten die Damen:
ruck-zuck, ruck-zuck.
So schuckelt der Bauer:
humpel, pumpel,
humpel, pumpel,
rauf und runter.
Plumps!

Heute will mein Kindchen reiten

Heute will mein Kindchen reiten
in die weite Welt hinein.
Pferdchen trippelt – Pferdchen trappelt,
wie mein Kind vor Freude zappelt;
zappelt fröhlich – zappelt munter,
plötzlich fällt's vom Pferdchen runter.

Ri-Ra-Rutsche!

Ri-Ra-Rutsche!
Wir fahren in der Kutsche;
wir fahren nur ein Stückchen,
wir fahren übers Brückchen,
doch plötzlich, eins-zwei-drei,
die Brücke bricht entzwei.

Wir steigen in den Zeppelin

Wir steigen in den Zeppelin
und fliegen bis zur Oma hin.
Langsam erst, dann geht es schneller,
rundherum wie ein Propeller.
Endlich sind wir da,
bei unsrer Großmama.

Mit dem Kind auf dem Arm sich erst langsam, dann immer schneller herumdrehen.

Ponypferd macht trippeltrapp

Ponypferd macht trippeltrapp,
wirft den kleinen Reiter ab.
Reiter steigt gleich wieder auf,
Pferdchen lauf – Pferdchen lauf.

Das Kind sitzt auf den Knien, wird heruntergesetzt, wieder hochgehoben, und das Spiel beginnt von vorn.

Da kommt ein Pi-Pa-Pustewind

Da kommt ein Pi-Pa-Pustewind,
der bläst mein Kindchen um.
Kind auf den Arm nehmen, hin und her schaukeln;

Jetzt dreht der Pi-Pa-Pustewind
mein liebes Kind herum.
im Kreise drehen;

Sucht mein Kindchen ein Versteck
und läuft vor dem Windchen weg.
mit dem Kind weglaufen.

Hoppe, hoppe, Reiter

Siehe Lied Seite 194

Das Kind reitet auf den Knien eines Erwachsenen. Bei „Meer“ läßt man es auf den Boden gleiten, dann „schwimmt“ es (krabbelt es) zur Mutter oder dem Vater auf den Schoß zurück. Gespielt kann so oft werden, wie das Kind Spaß daran hat.

Hopp, hopp, ho

Hopp, hopp, ho!
Das Pferdchen frißt kein Stroh.
Muß dem Pferdchen Hafer kaufen,
daß es kann im Trabe laufen.
Hopp, hopp, ho!
Das Pferdchen frißt kein Stroh.

Hoppe, hoppe, Reiterlein

Hoppe, hoppe, Reiterlein,
wir reiten über Stock und Stein.
Hoppe, hoppe, Reiter,
wir reiten immer weiter.
Kommt ein Kauz,
mein Kind macht bautz!

Wir fahren hin, wir fahren her

Wir fahren hin, wir fahren her,
und das gefällt der (m) ... sehr.
Doch ganz plötzlich hopp-hopp-hopp,
läuft das Pferdchen im Galopp,
und wirft klipp-klapp
mein Kindchen ab.

Kuschel- und Einschlafreime

Unser Kind geht jetzt zu Bett

Unser Kind geht jetzt zu Bett
und sagt uns gute Nacht.
Der Teddybär, das Kuscheltier,
sie geben auf dich acht.
Sie wolln in deinem Bettchen sein,
schlafe jetzt, mein Kind, schlaf ein!

Ist der helle Tag vorüber

Ist der helle Tag vorüber,
senkt die dunkle Nacht sich nieder.
An dem Himmel tausend Sterne
funkeln zu uns aus der Ferne;
und der gute, helle Mond,
der am hohen Himmel wohnt,
er schläft nicht, nein er bleibt wach,
schaut herab auf unser Dach.

Schweinchen, Schäfchen und Vögelein

Schweinchen, Schäfchen und Vögelein,
alle müssen leise sein.
Schlafen will nun unser Schätzchen,
still ist auch das Miezekätzchen.
Selbst der Sausewind geht heim.
Pst – jetzt schläft mein Kindchen ein.

Leise, leise, leise

Leise, leise, leise,
der Mond geht auf die Reise.
Er zieht am Himmel seine Bahn
und hält an unserm Hause an.
Hier schaut er durch das Fensterlein.
Schlaf, mein liebes Kind, schlaf ein!

Der Sandmann geht von Haus zu Haus

Der Sandmann geht von Haus zu Haus
und schaut nach allen, groß und klein.
Wenn er bei allen Kindern war,
schlüpft er ins Wolkenbett hinein.
Er macht die müden Augen zu
und schläft sogleich in guter Ruh,
genau wie du – genau wie du!

Die Sonne ist gegangen

Die Sonne ist gegangen,
die Nacht hat angefangen.
Mond baut goldne Sternenbrücken,
sieben Sterne will ich pflücken.
Bind daraus ein Kränzelein,
das soll für mein Kindchen sein.
Schlafe – schlafe!

Leih mir deine Hand

Leih mir deine Hand!
Ich zeig dir, wie die Blumen blühen,
so...
Beide Hände des Kindes aneinanderlegen, mit gespreizten Fingern zur Blütenschale formen;

Leih mir deine Hand!
Ich zeig dir, wie die Menschen gehen,
so...
mit zwei Fingern auf dem Arm des Kindes spazierengehen;

Leih mir deine Hand!
Ich zeig dir, wie die Sonne lacht,
so...
beide Daumen und Zeigefinger krümmen und aneinanderlegen, so eine Sonne (Kreis) bilden;

...und wie mein Kind schläft ein ganz sacht,
so...
zum Schluß sacht über die Augenlider des Kindes fahren.

R. Pousset

Schlaf, mein liebes Kindelein!

Schlaf, mein liebes Kindelein!
Im Nestchen sitzt ein Vögelein.
Vöglein macht piep-piep,
ich hab mein Kindchen lieb.

Das Bäumelein vor unserm Haus

Das Bäumelein vor unserm Haus,
das breitet seine Äste aus.
Ganz oben, in dem höchsten Ästchen,
da ist ein kleines Vogelnestchen,
drin sitzt gar warm ein Vögelein,
die Vogelmutter schützt es fein.
Tief unten in dem Wurzelhaus,
da wohnt die kleine graue Maus.
Horch! Durch die Zweige streicht der Wind.
Jetzt schlafen Vöglein, Maus und Kind.

Schi-Scha-Schäfchen

Schi-Scha-Schäfchen.
Mein Kindchen macht ein Schläfchen,
macht die blanken Äuglein zu,
und jetzt hat mein Kindchen Ruh!

Der Sandmann ist verdriesslich

Der Sandmann ist verdrießlich
und brummelt vor sich hin:
„Leer ist mein Traumsandsäckchen,
kein Körnlein ist mehr drin.
Die vielen, vielen Kinder,
sie werden traurig sein.
Kein einz'ges Traumsandkörnchen
kann ich heut für sie streun."
Das hört der Mond am Himmel,
er ruft dem Sandmann zu:
„Ich schick dir einen Mondstrahl,
da kletterst du im Nu
herauf zu mir. Ich habe
genug vom goldnen Sand,
und damit wolln wir füllen,
dein Säcklein bis zum Rand."

Mond sitzt in dem Wolkenwagen

Mond sitzt in dem Wolkenwagen,
hat die Sternlein angespannt.
Hüh! Nun zieht den großen Wagen,
denn der Mond fährt übers Land!
Wie die Sterne freudig springen,
wolln ein Abendliedchen singen.
Stille! Keinen Krach gemacht,
weil sonst unser Kind erwacht.

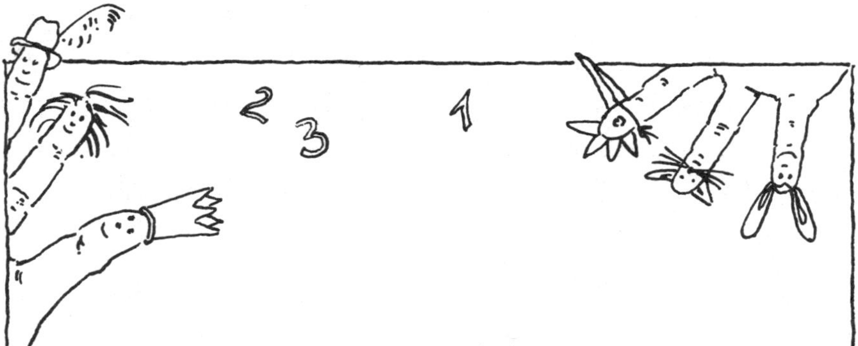

Fingerzählen

Bei Fingerzählspielen tippt man entweder mit dem Zeigefinger einer Hand jeden einzelnen Finger der anderen an – beim Daumen beginnend – oder richtet die gebeugten Finger einzeln nacheinander auf. Bei sehr kleinen Kindern führt der Erwachsene die Hand des Kindes oder faßt die Finger an bzw. zupft daran.

Der bellt wie ein Hündchen

Der bellt wie ein Hündchen.
Der quiekt wie ein Schweinchen.
Der brummt wie ein Bär.
Der piepst wie ein Mäuschen.
Der schnurrt wie ein Kätzchen.
Da lacht mein Schätzchen.

Das ist der Fleischer Haugenau

Das ist der Fleischer Haugenau.
Das ist der Tischler Holzbeschau.
Das ist der Bäcker Morgenstund.
Das ist der Doktor Bleibgesund.
Das ist der Koch, Herr Gänseklein,
der lädt sie alle zum Essen ein.

Das ist die Hexe Krimskrawall

Das ist die Hexe Krimskrawall.
Das ist der Räuber Überfall.
Das ist der Dieb Nimmallesmit.
Das ist der Teufel Höllenritt.
Da kommt ein Lausbub angegangen,
hat die Gesellschaft eingefangen.

Der ist in den Keller gekrochen

Der ist in den Keller gekrochen.
Der ist auf den Boden gestiegen.
Der ist in den Wald gelaufen.
Der ist unter die Decke geschlüpft.
Aber der hat sie alle wieder geholt.

Der näht ein Hemdchen

Der näht ein Hemdchen.
Der näht ein Höschen.
Der näht ein Jäckchen.
Der näht ein Mützchen.
Der näht ein Lätzchen,
und das ist alles
für unser Schätzchen.

Der erste holt den Topf

Der erste holt den Topf.
Der zweite holt die Milch.
Der dritte holt den Zucker.
Der vierte holt ein Ei.
Und der kleine ißt den süßen Brei.

Der holt die Tassen

Der holt die Tassen,
der holt die Teller,
der holt das Brot und
der holt die Milch.
Der kleinste sagt „Guten Appetit“.

Hinzlepinz, der kleine Wicht

Hinzlepinz, der kleine Wicht,
kochte sich sein Leibgericht.
Linken Daumen mit der rechten Hand umfassen und rührende Bewegungen ausführen.

Und dann füllt er – eins, zwei, drei –
auf den Teller süßen Brei.
In sein buntes Becherlein
goß er noch die Milch hinein.
Essen, Eingießen, Trinken nachahmen.

Hat das Mündchen blank geleckt
und gesagt: „Das hat geschmeckt."
Über das Bäuchlein streichen; Arme hochstrecken.

Rische-rasche-rische

Rische-rasche-rische.
Was steht da auf dem Tische?
Brot und Butter, Wurst und Schmalz
und ein Schüsselchen mit Salz.

Hände flach auf den Tisch legen und kreisen, nacheinander fünf Finger hochhalten und abzählen.

Ritsche-ratsche

Die beiden sägen das Holz ab.
Ritsche-ratsche, ritsche-ratsche.
Die beiden hacken das Holz klein.
Hicke-hacke, hicke-hacke.
Die beiden tragen das Holz in den Keller.
Trippel-trappel, trippel-trappel.
Die beiden schichten alles übereinander.
Hoch und höher, hoch und höher.
Die beiden heizen den Ofen
und kochen den Brei.
Hmmm! Aaah!

Beide Daumen, beide Zeigefinger usf. werden der Reihe nach gezeigt. Zu jeder Tätigkeit werden Bewegungen ausgeführt, wie Sägen, Hacken, Laufen, Schichten und Rühren.

Kleiner Finger, wo warst du?

Kleiner Finger, wo warst du?
Mit diesem Brüderchen war ich im Walde,
mit diesem Brüderchen hab ich Suppe gekocht,
mit diesem Brüderchen hab ich Brei gegessen,
mit diesem Brüderchen hab ich Lieder gesungen.
Kleiner Finger, wie haben sie geklungen?

W. Singer

Eine Hand wird mit gespreizten Fingern aufgestellt, mit den Fingern der anderen wird gezählt bzw. jeder Finger angetippt. Nach der letzten Zeile singt das Kind ein Lied seiner Wahl.

Der dreht den Leierkasten

Der dreht den Leierkasten,
und das geht so: …
Der bügelt die Wäsche,
und das geht so: …
Der steigt auf den Schornstein,
und das geht so: …
Der lenkt einen Traktor,
und das geht so: …
Und der schläft die ganze Zeit,
und das geht so: …

Die fünf Finger der Reihe nach zeigen und die entsprechenden Bewegungen wie Drehen, Bügeln, Steigen, Lenken, Schlafen ausführen. Der Kleinste schnarcht am Ende.

Der Max, der Moritz, Pit und Pat

Der Max, der Moritz, Pit und Pat,
die gingen in die große Stadt.
Alle zehn Finger der Reihe nach zeigen, jeweils die zwei Daumen, die zwei Zeigefinger usw.;

Da trafen sie den Heinz und Hans
und auch den Fritz und auch den Franz,
den kleinen Paul, den kleinen Klaus,
und alle liefen in ein Haus.
Sie setzten sich an einen Tisch
Hände zusammenlegen, Tisch andeuten;

und tranken Wasser, aßen Fisch.
Trink- und Eßbewegungen ausführen;

Doch plötzlich piepste eine Maus,
da liefen alle schnell hinaus.
ein Kind darf piepsen, dann krabbeln alle Finger vom Tisch.

Die fünf Kaninchen vom Linchen

Denk nur, unser Linchen,
hat schon fünf Kaninchen!
Das erste hat ein Glöckchen um,
das zweite springt im Gras herum,
das dritte sucht sich Kraut und Klee,
das vierte ist so weiß wie Schnee,
das fünfte ist noch gar nicht groß,
sitzt gern dem Linchen auf dem Schoß.
Das sind die fünf Kaninchen
von unserm kleinen Linchen.

Die fünf Kaninchen sind die Finger der linken Hand. Auf jeden einzelnen nacheinander zeigen.

Der Hausbau

Fünf Leute machten einen Plan
und fingen mit dem Hausbau an.
Der (die) erste grub das Fundament,
der (die) zweite mauerte die Wänd',
der (die) dritte setzte drauf das Dach,
der (die) vierte legte Strom danach.
Die Wasserleitung kam zuletzt,
dann ham die fünf sich hingesetzt
und eine Woche gefeiert –
am Montag, am Dienstag usw.

R. Pousset

1

2

3

5

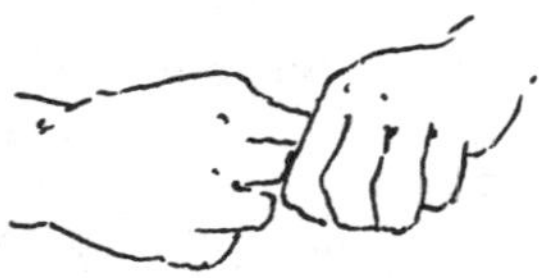

4

Eine Hand aufstellen, die fünf Finger spreizen, ausstrecken, zur Grube wölben (graben);
danach das Schichten der Mauersteine darstellen – im Wechsel flache Hände übereinanderlegen;
die Hände zum Dach an den Fingerspitzen aneinanderlegen;
bei „Strom" zwei Finger ausstrecken, diese mit der anderen Hand erfassen;
bei „Wasser" Daumen an Zeigefinger legen, ein Loch andeuten (Rohr).

Das ist der Meister Däumeling

Das ist der Meister Däumeling,
das ist der Meister Zeigeling,
das ist der Meister Mitteling,
das ist der Meister Ringeling,
das ist der kleine Schnickschnack,
sagt allen vieren „Guten Tag".

Jeden Finger einzeln aufrichten. Der kleine Finger tippt der Reihe nach alle Fingerspitzen an.

Die ganze Familie

Seht her, jetzt kommt – eins, zwei, drei –
die ganze Familie herbei:
Die Oma, die Mutter, der Vater, der Klaus,
und das bin ich, der Kleinste im Haus.
Die Oma strickt eine Mütze aus Wolle,
so weich und warm wie das Bett von Frau Holle.
Die Mutter rührt den Teig für den Kuchen,
den wolln wir heut nachmittag versuchen.
Der Vater saugt den Teppich rein.
Der Klaus gießt heißes Wasser ein.
Wäscht das Geschirr mit Klipp und Klapp –
und ich, ich trockne alles ab.

Der schüttelt die Betten auf

Der schüttelt die Betten auf.
Der holt die Nachthemdchen.
Der stellt die Hausschuh unters Bett.
Der hat die Lampe ausgemacht.
Der kleinste aber sagt: „Gut Nacht!"

Ich bin die Pauline

Ich bin die Pauline und kauf Margarine.
Ich bin der Toni und kauf Makkaroni.
Ich bin die Agathe und kauf 'ne Tomate.
Ich bin die Ottilie und kauf Petersilie.
Ich bin Klein-Marei und kauf mir ein Ei.

Ein Esel hat vier Beine

Ein Esel hat vier Beine,
die Schlange, die hat keine;
zwei Beine hat ein Vögelein,
vier Beine hat ein Stachelschwein;
und wieviel Beine hat ein Stein?
Reichen deine Fingerlein?

Warum das Däumchen so dick ist

Wovon ist denn mein Däumchen so dick?
Der ist einmal in den Wald gegangen,
der hat dort einen Hasen gefangen,
der trug ihn heim mit großer Müh,
der hat ihn gebraten bis morgens früh.
Und dieses Däumchen, dick und klein,
das aß das Häschen ganz allein!
Darum ist mein Däumchen so dick!

Hand erheben und jeden Finger vorzeigen, aber in umgekehrter Reihenfolge, also mit dem kleinen Finger beginnen. Bei „dieses Däumchen, dick und klein" mit dem rechten Zeigefinger das Däumchen umkreisen.

Fünf und fünf sind zehn

Hier sind 5 und hier sind 5,
zusammen sind wir 10.
Und weil wir immer lustig sind,
wolln wir im Kreis uns drehn.
Beide Hände mit gespreizten Fingern hochhalten, tanzen und kreisen lassen.

1 + 1 = 2
heut gibt's Spinat und Ei.
Beide Daumen berühren sich.

2 + 2 = 4
Vati spielt mit mir.
Beide Zeigefinger berühren sich.

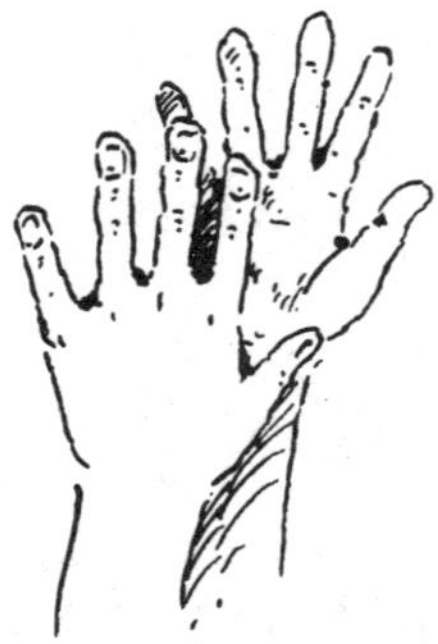

3 + 3 = 6
da ist ein Tintenklecks.
Beide Mittelfinger berühren sich.

4 + 4 = 8
die Tür wird zugemacht.
Beide Ringfinger berühren sich.

5 + 5 = 10
das können alle sehn.
Die kleinen Finger berühren sich.

Daumenspiele

Das ist der Daumen Doppeldick

Das ist der Daumen Doppeldick,
Daumen zeigen, wackeln;

das sieht man auf den ersten Blick.
Und schließ ich meine Hand zur Faust,
Faust machen, Daumen in die Faust ziehen;

schlüpft Doppeldick zurück ins Haus.
Schnarcht, daß sich alle Balken biegen.
Komm näher ran, dann siehst ihn liegen.
schnarchen, dem Kind ins Ohr blasen.

R. Pousset

Fünf Fingerlein, fünf Fingerlein

Fünf Fingerlein, fünf Fingerlein,
die krochen in ein Säckchen rein.
Da drinnen war ein arg' Gedränge,
dem Daumen war das viel zu enge.
Er guckte aus dem Säckchen raus
und hüpfte mit dem Sack nach Haus.

Fünf Finger einer Hand schlüpfen in die Faust der anderen Hand. Beide Hände drehen und wenden sich, bis der Daumen herausguckt und mit der anderen Hand davonhüpft. Dabei lösen sich die Hände voneinander.

Hick und Hack

Hick und Hack, die beiden,
könn' sich gar nicht leiden.
Puffen sich und knuffen sich,
so richtig zwergenwiderlich;
strecken sich die Zunge raus,
bis Hack muß schnell ins Krankenhaus.
Hack schreibt 'nen Brief:
„Ach, liebster Hick,
bald darf nach Hause ich zurück;
dann wollen wir, hör zu, ich sag's,
uns knuffen nur noch donnerstags!"
Als Hick am Tag drauf liest den Brief,
kippt er vor Freude um, ganz tief.

R. Pousset

Dieses Spiel (auch als Kniereiter spielbar) eignet sich besonders für Kinder, die sich gezankt haben, als kleines Versöhnungsspiel. Die Daumen werden als „Hick und Hack" aufgestellt und anfangs leicht gegeneinander gestoßen; muß „Hack" ins Krankenhaus, verschwindet ein Daumen in der Faust, mit dem Zeigefinger der anderen wird das „Briefschreiben" nachgeahmt; zuletzt diese Faust unter den Tisch fallen lassen.

Komm heraus, Maus, Maus

Komm heraus, Maus, Maus,
aus deinem Haus, Haus, Haus.
Ich möchte mit dir spielen.
Streck die kleine Schnauze vor,
auch dein kleines Mäuseohr.
Wupp – nun hab ich dich!
Ritte, ratte, rum,
nun tanzen wir herum.

B. Cratzius

Eine Hand zur Faust schließen, den Daumen in diese stecken. Während der Vers gesprochen wird, die Finger des Kindes kitzeln, bis der Daumen des Kindes hervorguckt. Zuletzt beide Fäuste mit aufgestellten Daumen tanzen lassen.

Wir fahren nach Amerika

Wir fahren nach Amerika,
wer will mit?
Die Katze mit dem langen Schwanz,
die muß „mit".

Einer beginnt, läßt seine zur Faust geballte Hand reihum gehen, bei jedem Wort dabei auf ein Kind zeigend. Wer bei „mit" angezählt wurde, setzt seine Faust mit aufgestelltem Daumen unter die des ersten Kindes, das den Daumen ergreift. Nun sagen beide den Reim und zählen ein drittes Kind aus, dessen Hand dann unter den „Händeturm“ kommt usw. Am besten stehen die Kinder dabei auf. Wird der „Händeturm“ zu groß, läßt man ihn auseinanderfallen und sagt dazu:

Ri-ra-rutsch,
wir fahren in der Kutsch,
wenn das große Wasser kommt,
sind wir alle „futsch“!

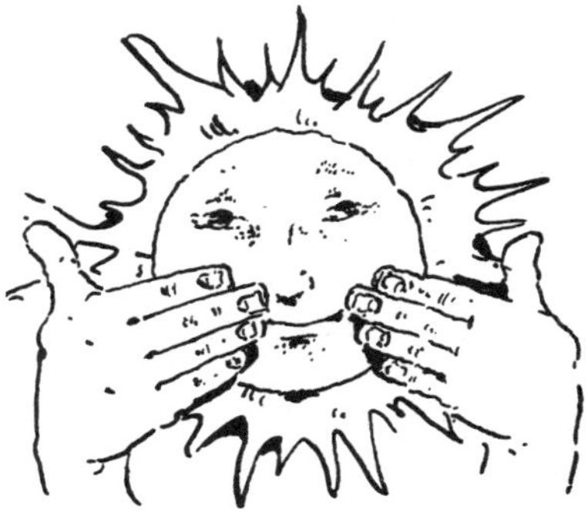

Guten Morgen!

Guten Morgen!
Was für Wetter ist denn heut;
wo bleibt denn die Sonne, Leut?
Mal die Tür aufmachen,
seh sie noch nicht lachen.
Schlupp – die Türe wieder zu,
schnell ins Bett zur Ruh.

W. Singer

Beide Hände zu Fäusten schließen, auf den Tisch stellen, bei „Guten Morgen“ die Daumen herausgucken lassen; bei „Tür aufmachen“ Hände waagerecht mit Fingerspitzen aneinanderhalten, öffnen, Daumen dabei immer nach oben halten. Bei „Schlupp – die Türe wieder zu“, die Daumen nach unten ziehen, die Fäuste schließen, an die Wange legen.

Der Milchtopf

In der Küche auf dem Tisch
steht ein Topf mit Milch, ganz frisch.
Katze will sich dran erlaben,
möchte von der Milch was haben.
Die linke Hand zur Faust ballen, auf den Tisch stellen, leicht öffnen (Topf). Die rechte Hand ist die „Katze“, Zeigefinger und Mittelfinger bewegen sich schleichend auf den „Topf“ zu.

Steckt das Köpfchen
in das Töpfchen
und trinkt und trinkt sich satt.
Zeigefinger und Mittelfinger in die linke Faust stecken und sofort festhalten.

O weh! Das Köpfchen will nicht mehr in die Höh!
Mit dem Töpfchen auf dem Köpfchen
läuft die Katze in den Schnee
und zieht und zieht.
Ist ein großer Stein gelegen,
Katze stößt genau dagegen;
geht das Töpfchen gleich entzwei,
Miezekatz ist wieder frei!

R. Pousset

Die Faust nach oben drehen, die beiden Finger der rechten Hand aber weiterhin umschlossen halten. Bei „entzwei“ die Hände voneinander lösen.

Handspiele

Verstecken

Rechte Hand will sich verstecken.
Linke sucht in allen Ecken,
kann sie nirgends sehn.

Kleiner Finger hält's nicht aus,
schaut aus dem Versteck heraus.
Das ist gar nicht schön!

Kommt gelaufen linke Hand,
und natürlich sie ihn fand,
lacht und bleibt gleich stehn.

Komm heraus, du rechte Hand,
linke ja schon längst dich fand.
Laß uns weitergehn!

E. Pausewang

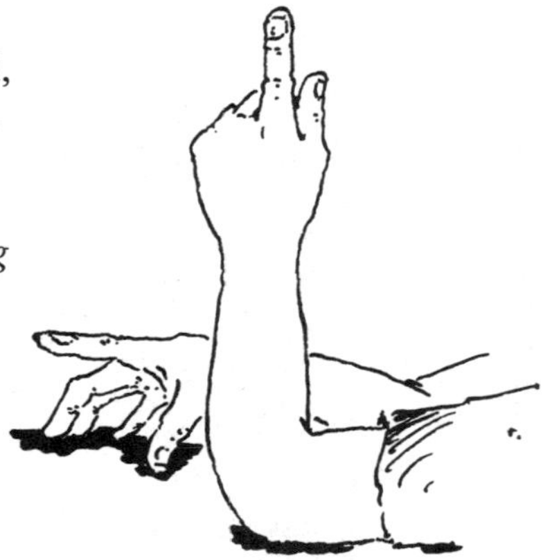

Rechte Hand in der Tasche oder unter dem Pullover verstecken. Linke hochgestellte Hand nach allen Seiten bewegen, drehen. Rechten kleinen Finger etwas aus dem Versteck heraussehen lassen.
Die linke Hand vor dem kleinen Finger aufstellen, rechte Hand aus dem Versteck ziehen und beide Hände aufgestellt nebeneinander nach links bewegen!

Rechte Hand und linke Hand

Das ist meine rechte Hand,
das ist meine linke Hand.
Rechte Hand nach oben zeigt,
linke auch schon aufwärts steigt.
Rechte Hand fällt jetzt herab,
linke folgt ihr schnell bergab.
Rechte Hand jetzt vorne steht,
linke auch schon vorwärts geht.
Rechte kommt zurück ganz schnell,
linke folgt ihr auf der Stell.
Rechte Hand versteckt sich nun,
linke muß das gleiche tun.
Rechte Hand kommt wieder raus,
linke auch –
und jetzt ist's aus.

E. Pausewang

Die Bewegungen ergeben sich aus dem Text. Zuletzt die Hände hinter dem Rücken verstecken, beide Hände fassen sich zum Schluß.

Eichkätzchen hat die Nuss genommen

Eichkätzchen hat die Nuß genommen.
Wohin ist denn die Nuß gekommen?
In der Burg liegt sie versteckt.
Wer hat sie denn dort entdeckt?
Ist sie rechts? – Ist sie links?
Auf dieser Seite suchen wir.
Die Nuß liegt hinter dieser Tür!
Nüßlein klein,
bist nun mein!
Kriegst zum Lohn die Nuß,
und du – du kriegst 'nen Kuß!

W. Singer

Ein Kind hält einem anderen beide Fäuste hin, dann sagen beide den Reim auf, während das erste Kind die Fäuste abwechselnd übereinanderstellt. Das andere Kind muß am Ende durch Antippen herausfinden, wo die „Nuß“ (ein Bonbon o. ä.) versteckt ist. Das leer ausgehende Kind bekommt den Kuß!

LINKE HAND, DIE IST DER STALL

Linke Hand, die ist der Stall,
die Finger sind die Tiere all.
Dieses dicke Däumelein
ist ein kleines, rosa Schwein.
Zeigefinger ist das Pferd,
ist dem Reiter lieb und wert.
Mittelfinger ist die Kuh,
hört nur, wie sie schreit: muh, muh!
Ringfinger ist der Ziegenbock,
hat 'nen langen Zottelrock.
Und das kleine Fingerlein
soll mein liebes Schäfchen sein.
Tiere laufen im Galopp
über Stock und Stein, hopp, hopp,
alle in den Stall hinein,
denn es bricht die Nacht herein.

Die linke Hand liegt leicht geöffnet auf dem Tisch und bildet den „Stall", am Ende finden alle Tiere (Finger) dort Unterschlupf (danach zur Faust schließen).

Das Vogelnest

Fünf kleine Eierlein,
die liegen in dem Nest,
Vogelmutter sitzt darauf
und deckt sie warm und fest.

Die linke Hand zu einem Schüsselchen halb geöffnet halten, die rechte Hand zur Faust ballen und als „Vogelmutter" daraufsetzen, dabei den Daumen als Kopf zwischen Zeige- und Mittelfinger durchstecken.

Fünf kleine Vögelein,
schlüpft eins aus jedem Ei,
sitzen in dem Nestchen drin
und machen ein Geschrei!

Die gestreckten Finger der rechten Hand sind die Vögelein, die aus dem Nest herausgucken.

Fünf kleine Vögelein,
die rufen piep-piep-piep!
Mir den Wurm und mir die Mück,
Mütterlein, o gib!

Die Vögelein werden nun von der linken Hand dargestellt und strecken sich der Mutter entgegen, die sie „füttert", indem Zeigefinger und Daumen (rechte Hand) auf- und zugeklappt werden.

Fünf kleine Vögelein,
die flattern auf den Ast,
sitzen dort und freuen sich
und halten fröhlich Rast.

Der „Ast“ ist der rechte Arm, auf dem sich die Vögel niederlassen.

Kommt die Vogelmutter her
und ruft: „Ihr Kinderlein,
seid ihr alle ausgeflogen,
ei, das soll mich freun!
Kommt, wir fliegen auf den Baum,
fliegen auf und nieder!“
Brrr! – Da flattern alle fort
und kommen nimmer wieder!

Alle fliegen fort, verstecken sich unter dem Tisch.

J. Huber

Das Taubenhaus

Ich öffne jetzt mein Taubenhaus,
die Täubchen fliegen froh hinaus;
sie fliegen hin aufs grüne Feld,
wo's ihnen gar zu wohl gefällt.
Doch kehrn sie heim zu guter Ruh,
so schließ ich wieder mein Häuschen zu.

Nach F. Fröbel

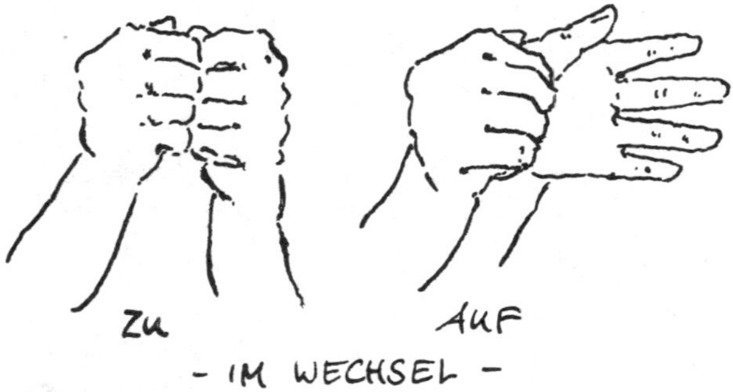

Die leicht erhobenen Arme bilden den Ständer des „Taubenhauses". Dieses bildet man, indem man die leicht gebeugten Hände übereinanderlegt, wobei vier Finger der einen Hand das Öffnen und Schließen der Tür des Taubenhauses nachmachen. Nach dem Öffnen des Taubenhauses lösen sich die Hände und werden als „Täubchen" fröhlich auf- und abbewegt. Dieses Spiel kann mehrmals wiederholt werden. In der letzten Zeile können sich die Kinder wie zum Schlafen niederhocken.

Turmhähnchen

Wie das Hähnchen auf dem Turme
sich kann drehn bei Wind und Sturme,
so soll sich mein Händchen drehn,
daß es eine Lust ist anzusehn.

Nach F. Fröbel

Ellenbogen aufstützen oder Arm hochheben, eine Hand als „Hähnchen" (Wetterfahne o. ä.) hin und her schwenken; bei wiederholtem Spiel dann die andere Hand nehmen, zur letzten Zeile klatschen.

Die Brücke

Über die Brücke aus Eisen und Stein
gehen die Leute, ob groß oder klein,
fahren die Wagen und rattert der Bus.
Unter der Brücke fließt langsam der Fluß,
trägt viele Schiffe, beladen und schwer,
unter der steinernen Brücke daher.

Beide Arme bilden einen gewölbten Bogen, die Finger werden dabei flach übereinandergeschoben.
Die rechte Hand zeigt „groß" und „klein" an. Mit beiden Händen das „Steuern" ausführen; auf den Tisch klopfen bei „rattert".
Wieder die Brücke bilden; mit den Händen ein Schiff bilden, das sich auf- und abbewegt. Zuletzt wieder die Brücke bilden.

Der Steg

Ein Bächlein fließt still das Tal entlang,
das Kind möcht hinüber, es ist ihm sehr bang.
Es möchte sich drüben die Blümchen ansehn
und kann doch nicht über das Wasser gehn.
Zum Gehen führt über das Wasser kein Weg.
Da kommt der Zimmermann und baut einen Steg.
Von hüben nach drüben kanns Kindchen nun springen
und dem Zimmermann ein Liedchen singen.

Nach F. Fröbel

Die Finger beider Hände werden im rechten Winkel zueinandergestellt; die Fingerspitzen berühren sich. Fertig ist die Brücke.

Täubchenwinken

Die Täubchen, sie wollen zum Kindchen kommen;
wink ihnen und sag: „Ihr seid mir willkommen!"

Nach F. Fröbel

Mit den Fingern auf dem Tisch spazieren oder das Fliegen der „Täubchen" mit den Händen nachahmen. Dann das Kind auffordern, die „Täubchen" herbeizuwinken. Statt „Kindchen" kann der Name des Kindes genannt werden.

Das Flugzeug

Kommt ein Flugzeug angeflogen,
hoch, ganz hoch in weitem Bogen,
senkt sich auf die Erde nieder,
kreist noch einmal hin und wieder,
rollt dann auf der Rollbahn aus.
Kommt, ihr Leute,
steigt jetzt aus!

Rechte Hand mit abgespreiztem Daumen und kleinem Finger hochhalten und waagerecht in weitem Bogen bewegen. Die Hand langsam senken, einen Kreis beschreiben lassen, auf dem Tisch auflegen, wenig bewegen, anhalten. Arme weit öffnen und die Leute heranwinken.

Fingerspiele

Das ist der Baum

Das ist der Baum,
das sind die Äste;
Linken Ellbogen aufstützen, Finger spreizen;

an jedem hängen Äpfel dran.
rechter Zeigefinger zeigt auf die „Äste".

Und weil es Herbst geworden ist,
da fängt der Wind zu blasen an.
Das Kind pustet auf das „Bäumchen" (den Arm).

Er reißt sie runter, groß und klein,
Das Herunterprasseln mit den Fingern andeuten;

ich sammle sie im Körbchen ein.
die linke Hand formt ein Körbchen, die rechte Hand sammelt die Früchte ein.

Brötchen kaufen

Als ich heute aufgewacht,
zeigte meine Uhr halb acht.
Ellenbogen aufstützen, Hand zur Faust ballen, der Zeigefinger bleibt gestreckt, auf ihm klebt ein Stück Papier mit einer Zahl.

Oh, da muß ich schnelle laufen,
zweiundzwanzig Brötchen kaufen.
Lauf bergauf, lauf bergab,
bis ich meine Brötchen hab.
Faust und Zeigefinger fahren hin und her, auf und ab, kreisen, verschwinden, tauchen wieder auf. Dabei wird unauffällig der Zeigefinger mit dem Papier weggeklappt, dafür der Mittelfinger aufgerichtet.

Bin gerannt die ganze Tour.
Sage mir, was zeigt die Uhr?
Da die „Uhr" verschwunden ist, kann keiner antworten.

Wer hat meine Uhr gestohlen?
Gleich muß ich sie wiederholen!
Wieder fährt die Faust mit dem Mittelfinger hin und her, berührt dabei die Nase, Schultern, Ohren der Kinder und richtet dabei den beklebten Zeigefinger wieder auf.

Seht! Hier ist sie! Dankeschön!
Unser Spiel kann weitergehn.

Tip, tip, tap

Fingerlein zu Fingerlein
können nur lieb
zueinander sein!
Tip, tip, tip, tap –
sagen sich freundlich:
guten Tag.
Dann laufen sie alle,
die Tips und Taps,
auf dem Tisch
laut und leise
auf und ab.

Finger beider Hände strecken, bei „Tip, tip, tip ...“ mit Fingern einer Hand die der anderen Hand einzeln antippen, zuletzt alle Finger auf dem Tisch laufen lassen.

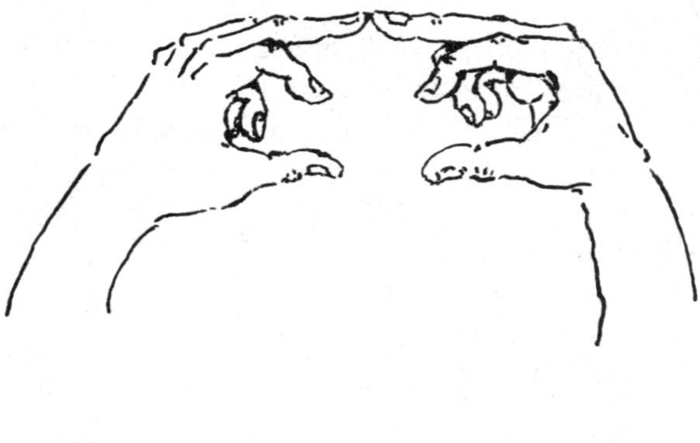

Regen, Regen, Tröpfchen

Regen, Regen, Tröpfchen,
es regnet mir aufs Köpfchen,
es regnet aus dem Wolkenfaß,
alle Blümchen werden naß,
alle Gräslein sagen Dank
für den lieben Himmelstrank.

Mit den Fingerspitzen auf den Tisch trommeln, dann die Hände schützend über den Kopf halten. Bei „Wolkenfaß" mit den Händen ein Faß bilden; danach die Hände zu einer Knospe aneinanderlegen, langsam zur Blume öffnen, zuletzt klatschen.

Eine lange Wäscheleine

Eine lange Wäscheleine
knüpf ich an den Haken dran.
Dann hol ich den Korb voll Wäsche,
fange aufzuhängen an.
Eine Hose und zwei Röckchen,
drei Pullover, vier Paar Söckchen,
noch fünf Hemdchen, seht nur her,
und dann ist mein Körbchen leer.

Beide Mittelfinger deuten eine lange Leine an, dann wird das Anknoten der Leine und schließlich das Aufhängen und Anklammern angedeutet.
Die Zahlen werden an der linken Hand demonstriert.

Meine Finger, meine Finger

Meine Finger, meine Finger
gehen auf die Reise.
Einmal hin und einmal her,
drehen sich im Kreise.
Die gespreizten Finger hochhalten, dann hin und her führen, im Kreis bewegen.

Wie sie kribbeln – wie sie krabbeln,
wie sie hüpfen, wie sie zappeln.
Auf dem Tisch mit den Fingern trappeln.

Kommt ein Bock in schnellem Lauf,
bauen sie ein Zäunlein auf,
Der Zaun wird aus den gefalteten, gestreckten Fingern beider Hände gebildet.

bauen noch ein Brünnelein,
fangen schnell das Böcklein ein.
Hände herumdrehen, so daß eine Mulde entsteht, zum Schluß die Hände zusammenklappen.

Händeberg

Die Kinder legen abwechselnd eine Hand flach auf den Tisch bzw. auf die Hand des Spielpartners; das geschieht so lange, bis alle Kinder beide Hände im so entstehenden Händeberg stecken haben. Nun wird nacheinander die jeweils zuunterst liegende Hand hervorgezogen und wieder obenauf gelegt. In der Regel steigert sich dabei das Tempo, so daß es bald ein wildes, fröhliches Gepatsche gibt.

Das Fingerklavier

Schau doch, Kindchen, hier,
die Hand ist ein Klavier:
wenn vom Druck der Finger sinkt,
gleich ein schöner Ton erklingt:
La, la, la, la, la;
La, la, la, la, la;
La, la, la, la;
La, la, la, la, la;
La, la, la, la, la;
La, la, la, la.

Nach F. Fröbel

Die Finger der rechten Hand tippen auf die Fingernägel der linken Hand und drücken bei „La, la, la ...“ die angetippten Finger nach unten, wie beim Klavierspiel. Mit dem Daumen beginnt man, dann erfolgt das „Klavierspiel“ rückwärts. Das Kind spielt nun mit dem kleinen Finger zuerst. Dazu kann es auch ihm bekannte Kinderlieder singen.

Zehn Mäuschen

Leise, leise, nicht gezappelt!
Seht, was kommt da angekrabbelt?
Zehn Mäuschen kommen aus allen Ecken,
sie huschen durchs Zimmer und spielen Verstecken.
Sie purzeln umher – kreuz und quer.
Doch wer kommt da auf leisen Sohlen
und möchte sich ein Mäuslein holen?
Der Kater Mauz von nebenan
duckt sich und setzt zum Sprunge an.
Da fällt die Lampe um – o Schreck –,
und schon sind alle Mäuschen weg!

Hände an die Tischkante legen, langsam alle Finger auf dem Tisch nach vorn trippeln lassen, kreuz und quer über die Finger eines anderen Kindes laufen lassen u. ä. Ein Spieler legt nur eine Hand auf den Tisch und versucht zuletzt ein Mäuslein zu fangen (eine Hand). Wer erwischt wird, darf bei der Wiederholung „Kater Mauz" sein.

Zehn kleine Krabbelfinger

Zehn kleine Krabbelfinger krabbeln so herum,
zehn kleine Krabbelfinger schaun sich dabei um.
Zehn kleine Krabbelfinger krabbeln rauf und runter,
zehn kleine Krabbelfinger fühlen sich sehr munter.
Zehn kleine Krabbelfinger kitzeln jeden Fuß,
die Krabbelfinger wundern sich, daß ich lachen muß.
Zehn kleine Krabbelfinger nähern sich der Nas,
zehn kleinen Krabbelfingern niese ich jetzt was.
Hatschi!

M. Austermann / G. Wohlleben

Dem Text entsprechend sanft über die Haut des Kindes streichen; größere Kinder führen die Bewegungen am eigenen Körper aus.

Kommando Pimperle

Die Kinder sitzen um einen Tisch, legen die Zeigefinger auf die Tischkante. Einer gibt die Bewegung vor:
„Kommando Pimperle!" Alle klopfen im schnellen Wechsel mit den Zeigefingern auf den Tisch.
„Kommando flach!" Alle klopfen mit der Handfläche auf den Tisch.
„Kommando Faust!" Mit der Faust auf den Tisch schlagen.
„Kommando Ellenbogen!" Mit den Ellenbogen klopfen.
Die Kommandos erfolgen in rascher Folge, der Spielführer führt die Bewegungen mit aus; er kann aber dabei entgegengesetzte Kommandos geben. Wer darauf reinfällt oder sonst einen Fehler macht, gibt ein Pfand.

Es regnet, es regnet

Es regnet, es regnet,
und hört gar nicht auf,
da kommen zwei Männlein
die Treppe herauf.

Zwei Finger steigen den Arm empor bis unter das Kinn.

Und seht nur, gerade unters Kinn,
da setzen sich die beiden hin.
Wird sich die Sonne wieder zeigen,
sieht man die zwei herniedersteigen.

Finger wieder herabsteigen lassen.

Fische fangen

Ich hab' gefischt,
ich hab' gefischt,
ich hab' die ganze Nacht gefischt
und habe keinen Fisch erwischt,
nur dich.

Die Kinder sitzen im Kreis um einen Tisch, auf den sie beide Hände (Handrücken nach oben) legen. Ein Spieler ist „Fischer", er zieht über den Händen einen Kreis und spricht den Vers. Beim letzten Wort schlägt er auf die Hand, die nicht schnell genug weggezogen wurde. Sieger und neuer „Fischer" ist das übrigbleibende Kind.

Viele Regentropfen

Viele, viele Regentropfen
tröpfeln in das Regenfaß.
Die zehn Finger deuten das Herabfallen der Regentropfen an,
dann mit beiden Händen das Regenfaß bilden.

Die beiden Spätzchen schütteln sich,
Kinder schütteln sich.

denn sie sind schon pitschenaß.
Wie sie auf dem Zaune hocken!
Die Hände falten wie einen Zaun;

Kommt die Sonne, macht sie trocken.
die Finger lösen, spreizen und die Sonnenstrahlen zeigen.

Finger verschränken

Das Wetterhaus

Seht, das ist ein Wetterhaus,
schauen Frau und Mann heraus.
Die Hände senkrecht aufstellen, Fingerspitzen berühren sich.
Die Daumen nach innen ziehen zwischen die Handflächen.

Wenn die liebe Sonne scheint,
schnell die kleine Frau erscheint.
Linker Daumen kommt hervor und bewegt sich.

Fängt's jedoch zu regnen an,
kommt heraus der kleine Mann.
Linker Daumen wird nach innen gezogen, rechter Daumen kommt heraus und bewegt sich.

Mann, bleib lieber drin im Haus,
schick uns deine Frau heraus!
Rechter Daumen verschwindet nach innen, linker kommt heraus.

Zwillinge im Himmelbett

Das Kind legt seine beiden Mittelfinger, Ringfinger und die kleinen Finger wie zu einem spitzen „Betthimmel" zusammen, die beiden Zeigefinger werden waagerecht als „Bettdecke" davorgelegt. Die beiden Daumen gucken als „Zwillinge" vergnügt dahinter hervor. (Vgl. auch die Kaufladenspiele.)

Max und Moritz im Laden

Max und Moritz stehn vorm Laden,
wolln fürn Sechser Mostrich haben.
Fürn Sechser Mostrich gibt es nicht.
Max und Moritz prügeln sich.

Mittelfinger, Ringfinger und die kleinen Finger aneinanderlegen, schräg halten, wie ein Dach. Unter dem „Dach“ steht ein kleiner Finger als „Kaufmann“. Mit den beiden Zeigefingern davor den „Ladentisch“ darstellen, vor dem die beiden Daumen als „Max“ und „Moritz“ agieren. Bei „prügeln sich“ bewegen die Daumen sich gegeneinander. Man kann auch „schämen sich“ einsetzen und die Daumen unter dem „Ladentisch“ verschwinden lassen.

Die Obstfrau ruft

Apfelsinen, Apfelsinen,
Bananen und Mandarinen;
Äpfel, viele Sorten,
für leckre Apfeltorten.
Auch Bohnen und Salat,
alles ist parat,
was die Mutter brauchen kann.
Ihr Leute, kommt heran!

G. Losch

Mit den Händen einen „Kaufladen“ bilden und die Daumen als „Käufer“ agieren lassen.
Die Kinder denken sich das weitere Verkaufsgespräch selber aus.

Glockenschwengel

Die Hände werden miteinander verschränkt, die Mittelfinger nach innen gezogen und als Glockenschwengel hin und her bewegt. Dazu können die Kinder eine Melodie auf „Bim-bam-bim“ oder „gong-gong-gong“ singen.

Fingertanz

Linker Daumen und rechter Zeigefinger werden mit den Spitzen aneinandergelegt und so gedreht, daß die beiden anderen freien Fingerspitzen von Daumen und Zeigefinger sich treffen und ebenfalls fest aufeinandergelegt werden können.
Die erste Daumen-Zeigefinger-Verbindung wird gelöst, die neue Verbindung dient als neue Drehachse usw. Wer die Bewegung beherrscht, kann bald einen schnellen Fingertanz aufführen.

R. Pousset

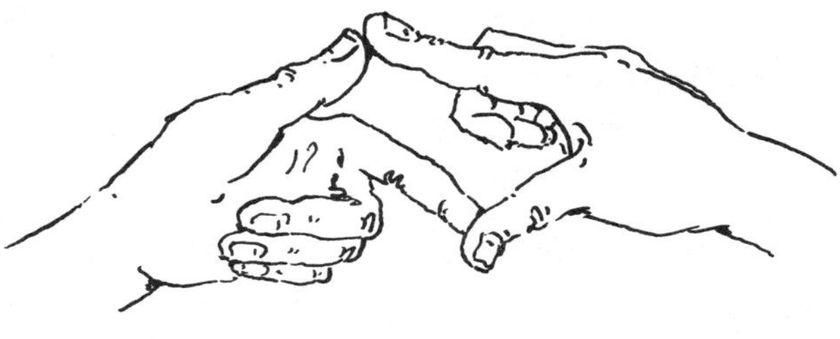

Fingerflechten

Die Finger beider Hände werden mit dem Rücken aneinandergelegt, gespreizt und so miteinander verschränkt, daß ein Flechtmuster entsteht. Stellt man die Finger aufrecht, so hat man einen „Gartenzaun“, ein „Tannenbäumchen“ oder „Leute im Bus“ – je nach Phantasie oder Spieltext.

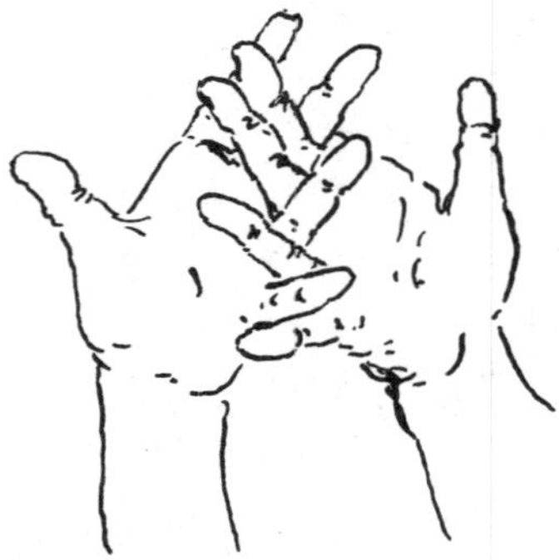

Markttag

Leute, kauft Fische!
Ich habe ganz frische.
Heringe oder Schollen,
was Sie wollen,
große und kleine,
grobe und feine,
dunkle und helle,
alles zur Stelle.
Kaufen Sie doch ein!
Was darf es denn sein?

G. Losch

Spielweise wie bei „Max und Moritz“. Wenn ein anderes Kind an den Marktrufer herantritt, nennt dieser einen Fisch.

Mit Fingern gespielte Geschichten

Die Mäuschen

Aus einem kleinwinzigen Häuschen
kommen fünf winzige Mäuschen.

Linke Hand hohl über die rechte Faust legen, die Faust langsam unter der linken mit Bewegen der Finger hervorschieben.

Das erste ist dick und sucht sich Speck.
Das zweite bleibt still am selben Fleck.
Das dritte, das hat ein sehr langes Schwänzchen.
Das vierte macht ein ganz lustiges Tänzchen.
Das fünfte, das ist so winzig und klein,
mit Schnuppernäschen und Härchen so fein.

Daumen und die anderen Finger einzeln zeigen, bei „Schnuppernäschen" ein Mäulchen mit Daumen und Zeigefinger bilden, öffnen und schließen.

Da kommt, o weh, die Katze gegangen
und will sich eins von den Mäuschen fangen.
Da laufen die winzigen Mäuselein
schnell wieder heim in ihr Häuselein.

Linke Hand als „Katze" langsam über den Tisch oder vom Schoß heraufschieben, die rechte Hand schnell auf dem Rücken verstecken.

Rückkehr der Vögel

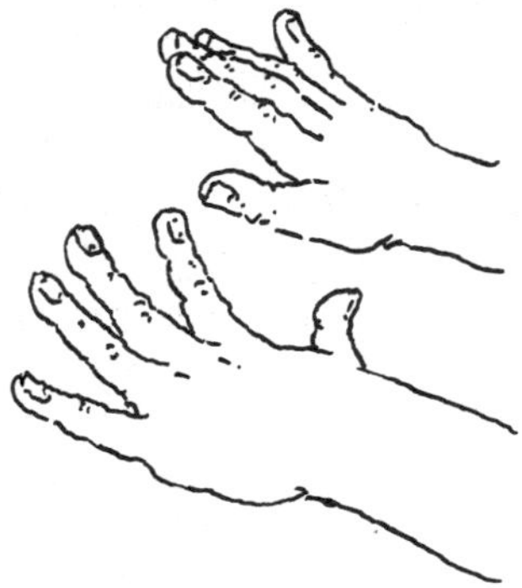

Wenn die Bäume wieder grün,
wenn die ersten Blumen blühn,
kommen übers weite Meer
viele Vögel zu uns her.
Storch und Wildgans, der Pirol,
jeder weiß, wohin er soll.
Storch, bleib doch an unserm Ort
und flieg bitte nie mehr fort!
Alle Kinder freuen sich,
rufen laut „Hurra!
Endlich ist der Frühling da!"

Die Hände heben, wie Vögel auf- und ab„flattern" lassen; in der 2. Zeile Hände zum Blütenkelch aneinanderlegen; in 3. und 4. Zeile Daumen leicht aneinanderlegen, die anderen Finger dabei auf- und abbewegen, Hände dabei niedrig halten. Zuletzt einen Daumen abspreizen, mit den Fingern der anderen Hand ergreifen, zur Begrüßung bewegen.

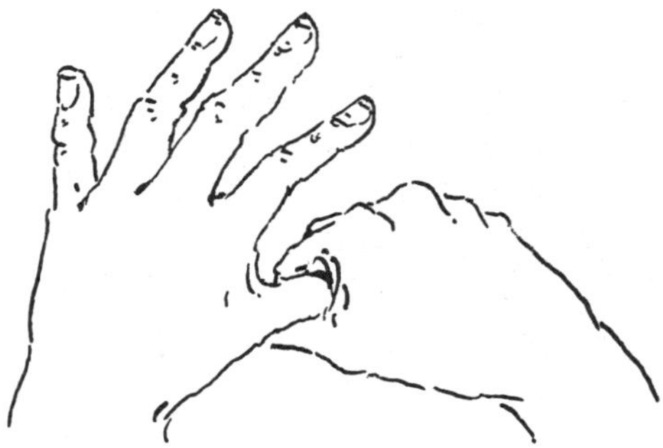

Die Weihnachtszwerge

Seht, da kommen aus dem Berge
viele kleine Weihnachtszwerge.
Und sie laufen, tripp, tripp, tripp, trapp,
eilig nun den Berg hinab.
Finger einer Hand den schräggehaltenen Arm hinuntertrippeln lassen.

Gucken durch die Fensterlein,
zu den Kindern groß und klein;
horchen an der Türe still,
was das Kind sich wünschen will.
Gucken und Horchen nachahmen.

Grad ruft Lieschen freudig aus:
„Ich wünsche mir ein Puppenhaus!“
Und die Zwerglein freun sich nun,
denn da gibt es viel zu tun.
Und sie hobeln, zisch, zisch, zisch,
Daumen einer Hand ergreifen, Hobeln nachahmen.

für das Häuschen einen Tisch.
Rühren Leim im Topf herum,
Mit einer Hand Topf bilden, mit dem Zeigefinger darin rühren.

hämmern fleißig, bum, bum, bum.
Stühlchen sind schon fertig jetzt,
Eine Faust an die flach- und hochgestellte andere Hand legen als „Stühlchen“ o. ä.

Püppchen werden draufgesetzt.
Sind der Püppchen ihrer fünf,
Zwerglein stricken für sie Strümpf!
Stricken, Nähen nachahmen.

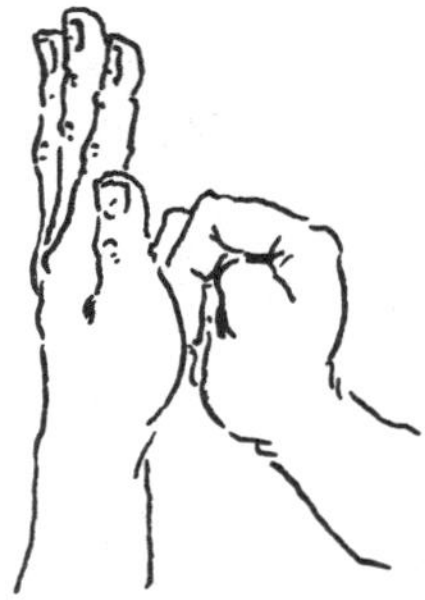

Nähen bunte Kleider schnell,
singen dazu froh und hell. –

Horch mal, horch, wer kommt dort an?
Ist das nicht der Weihnachtsmann?
Stampfen, Horchen.

Er rollet einen Zettel auf,
da stehen lauter Wünsche drauf!

„Ich will mal in den Wald reingehn
und nach den Tannenbäumchen sehn!"
Tripp, tripp, tripp, trapp,
Stampfen.

der Weihnachtsmann geht wieder ab.
Die Zwerglein laufen hier und dort –
und sind auf einmal alle fort.
Finger den Arm hinauf- und weglaufen lassen, zum Beispiel unter dem Tisch verstecken.

Das Bilderbuch

Liebe Kinder! Eins, zwei, drei!
Schnell das Bilderbuch herbei!
Hände zusammenlegen wie ein Buch.

Was gibt es hier zu sehn?
Das ist ja wunderschön!
Hände öffnen, klatschen.

Da kommen Musikanten an,
ein jeder spielt, so gut er kann.
Musizieren, Instrumente nachahmen.

Doch was ist hier? Ja, schaut!
Hände über die Augen halten, schauen.

Da werden viele Häuser gebaut.
Drei, vier, fünf, sechs, sieben und acht!
An den Fingern bis acht zählen.

Auf dem Laster werden Platten gebracht.
Nach hinten zeigen.

Der Kran hebt sie an den richtigen Fleck,
Hebebewegung mit einem Arm ausführen.

es dauert nicht lange, und der Laster fährt weg.
Fahrbewegung nachahmen.

Und hier – hinter den Häusern gleich –
schwimmen bunte Enten im Teich.
Watscheln der Enten mit den Händen nachahmen.

Wer das Lied von den Enten kann,
fängt es gleich zu singen an.
Kinder singen „Alle meine Entchen“ o. ä. Lied.

Auf der letzten Seite ist auch noch was zu sehn:
Schaut nur hin! Ist das nicht schön?
Da sitzt das Puppenmütterlein,
und wiegt sein Puppenkind gar fein!
Den rechten Unterarm in den linken als „Puppe“ legen, die „Puppe“ wiegen.

Nun sind beide müde und gehen zur Ruh!
Und wir klappen unser Bilderbuch zu.
Hände wie ein Buch zusammenlegen.

Kaspertheater

Guten Tag, meine Damen! Guten Tag, meine Herrn!
Mit dem Kopf nicken.

Ihr habt doch alle den Kasper gern?
Ich tanze kreuz, ich tanze quer!
Handbewegung nach links und rechts.

Und rufe mir gleich den Seppel her: „Seppel, Seppel!"
Wir schlagen uns, vertragen uns
Entsprechende Bewegungen ausführen.

und machen manch lustigen Streich.
Jetzt rufen wir die Hexe gleich.
„Hexe! Hexe!"
Seppel (eine Hand) verschwindet, die Hexe tritt auf (die andere Hand).

„Ich bin die Hexe Höckerbein,
der Kasper soll verzaubert sein!"
Hexe stellt sich vor. Es spielen linke und rechte Hand. Kasper drückt die Hexe nach unten.

„Nein, Hexe, da wird heut nichts draus,
zurück mit dir ins Hexenhaus!"

Jetzt kommt ein großes Krokodil,
Linken Arm als Krokodil auf den Tisch schieben.

mit seinem Maul, da frißt es viel!
Das hat sich schnell ins Gras geduckt
und, schnapp – den Kasper halb verschluckt.
Zuschnappen mit der linken Hand.

Der Kasper zappelt, ei der Daus,
und krabbelt hastig wieder raus!
Kasper (die Hand) befreit sich, Krokodil (der Arm) verschwindet.

Jetzt geht es schlecht dem Bösewicht!
„Geh weg, zum Spielen taugst du nicht!
Ich rufe jetzt mein Gretelein.
Wir beide wollen lustig sein."
Kasper und Gretel umarmen sich (beide Hände aufeinanderlegen).

Tri, tra, trallala,
jetzt sind wir beide wieder da!
Kinder singen mit oder klatschen.

Wir tanzen mit euch allen!
Sagt, hat es euch gefallen?

Für heut ist unser Spiel nun aus,
wir gehen jetzt vergnügt nach Haus!

Das kleine Häschen

Es war ein kleines Häschen
mit einem Stummelnäschen,
zwei Ohren, lang, ein Schwänzchen, klein,
zwei dunkelbraune Äugelein.

Und als es einmal Sonntag war,
und noch dazu Geburtstag war,
da kam das Petermuckelchen
mit seinem krummen Buckelchen.

Und von des Berges Höh
kam auch das braune Reh.
Mit stattlichem Geweih
sprang der Hirsch herbei.

Und die kleine Mummelmaus
guckt aus ihrem Loch heraus,
all die lieben Vögelein
wollten auch mit fröhlich sein.

Alles sah so lustig aus,
denn bei Petermuckelchen
war Geburtstagsschmaus.

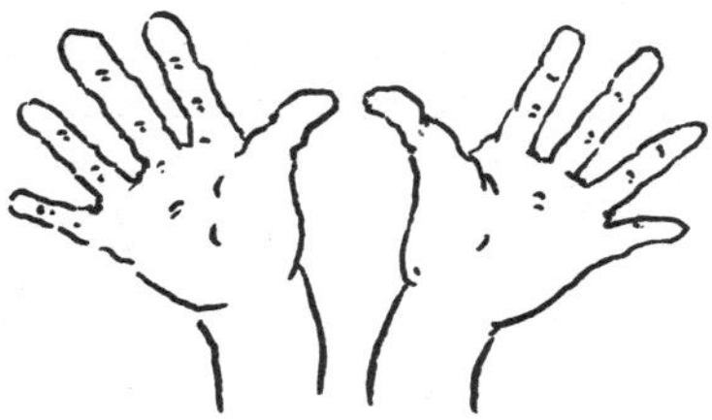

Die Zeigefinger strecken und an den Kopf legen als „Häschen"; durch die ringförmig zueinandergeführten Zeigefinger und Daumen Andeuten der „Augen".
Eine geschlossene Faust stellt das „Kaninchen Petermuckelchen" dar. Gespreizte Finger einer Hand sind das „Hirschgeweih". Bei „Loch" eine Faust bilden, den Daumen zwischen Zeigefinger und Mittelfinger als kleine „Mummelmaus" herausgucken lassen. Hände auf- und abbewegen, das „Fliegen" der Vögel nachahmen.

Die Mäusefamilie

Tief drinnen im Keller bei uns zu Haus
wohnt eine kleine Familie Maus.
Ich will euch alle beim Namen nennen,
so lernt ihr sie gleich besser kennen:
Das ist der Mäusevater, er heißt „Herr Maus“,
er sieht wie alle Mäuse aus.
Hat ein graues Fell, einen Schwanz, so lang –
ein spitzes Köpfchen, zwei Ohren dran,
Zähne, die blitzen,
und Beine zum Flitzen.
Das ist die Mäusemutter, „Frau Maus“,
mit ihren drei kleinen Kindern im Haus:
Das ist das Mäusefritzchen.
Das ist das Rumpelflitzchen.
Das ist die kleinste Piepsemaus,
sie guckt gerade zum Mauseloch raus.

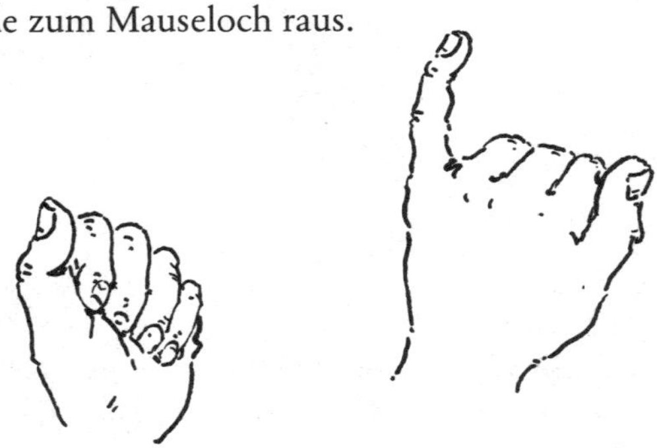

Eine Faust bilden, mit dem Zeigefinger der anderen Hand auf diese zeigen (Keller). Beim Aufzählen der „Mäuse“ die Faust öffnen, das heißt die Finger der Reihe nach ausstrecken. Zuletzt wieder zur Faust schließen, nur den kleinen Finger heben und so „herausgucken“ lassen.

Eine Segelbootpartie

Igels machten sonntags früh
eine Segelbootpartie.
Und die Kleinen jauchzen froh,
denn das Boot, das schaukelt so.
„Fallt nicht raus“, ruft Mutter Igel,
„denn ihr habt ja keine Flügel.
Wenn ihr dann ins Wasser fallt,
hu, da ist es naß und kalt.“

E. Weinert

Beide Hände zum Schiff aneinanderlegen, auf- und abbewegen. Bei „die Kleinen jauchzen ...“ die Daumen auf- und niederbeugen, bei „Fallt nicht raus ...“ mit dem Finger drohen. Die Hände bei „... ihr habt ja keine Flügel“ wie Flügel auf- und abschwingen. Zuletzt wieder ein Schiff mit beiden Händen bilden.

Variante für die Jüngsten:
Das Kind sitzt auf dem Schoß des Erwachsenen, mit dem Rücken zu ihm. Er umfaßt es, legt ihm die Hände zusammen und bewegt sie beim „Boot fahren“ auf und nieder, hin und her. Bei „schaukelt so“ wird das Kind hin und her geschaukelt; bei „fallt nicht raus ...“ droht man mit dem Finger (des Kindes); bei „ihr habt ja keine Flügel“ die Arme des Kindes anheben, bewegen und etwas schütteln.

Die kleine Raupe Nimmersatt

Die kleine Raupe Nimmersatt
frißt wochentags nur Blattsalat:
am Montag gibt es Ahornblätter,
am Dienstag schmeckt die Birke netter,
am Mittwoch ist die Zeder fein,
am Donnerstag kann es Dahlie sein,
am Freitag schmatzt sie Eisenhut,
der schmeckt ihr ganz besonders gut.
Am Wochenend sie sich besinnt
und nun was Feines zu sich nimmt:
anstatt der Blattsalate
speist sonntags sie Tomate!

R. Pousset

Ein Arm liegt auf dem Tisch, die Hand etwas erhoben. Der rechte Zeigefinger bewegt sich als Raupe zum Daumen und nagt an diesem, dann ebenso an jedem anderen Finger im Rhythmus des Verses.

Farbfingerspiele

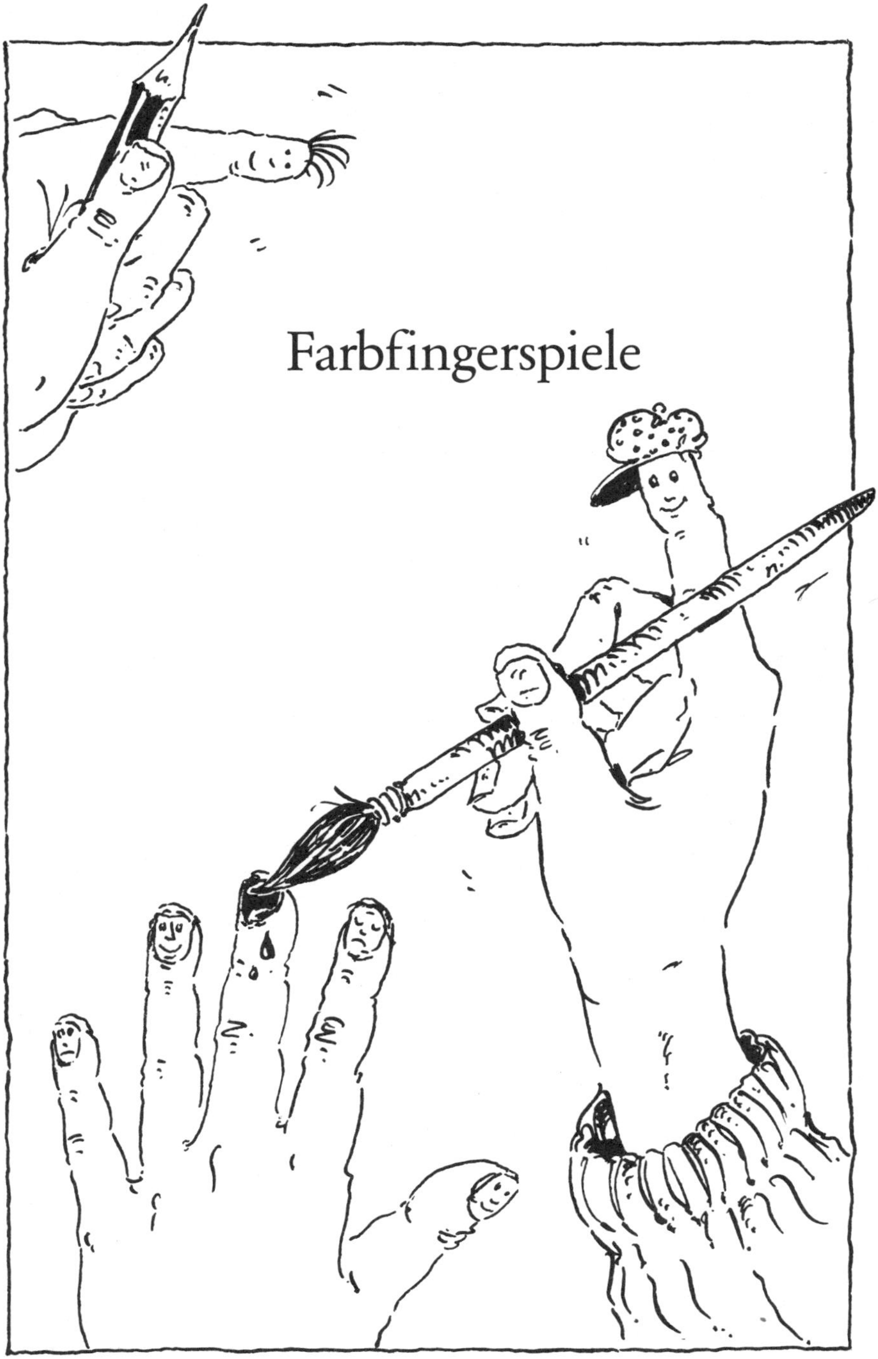

Gib mir dein Hütchen!

Die Finger beider Hände werden bunt gekennzeichnet mit Fingerfarben oder Buntpapierblättchen. Die linke Hand wird unter dem Tisch versteckt; die rechte Hand liegt mit vier bunten Farbfingern nach oben auf der Tischkante.

„Mir ist so kalt! Mir ist so kalt,
hab meinen Hut verloren.
Gib du mir deinen roten Hut.
Ich friere an den Ohren."
Der rote Finger verschwindet (wird eingebogen). Der Spruch wird dreimal wiederholt, bis alle Farbfinger verschwunden sind.

„Welch ein Schreck – welch ein Schreck!
Alle Hütchen, die sind weg."
Die Hand wird schnell auf den Tisch gelegt, aber mit der Handfläche nach oben, so daß man die bunten Fingernägel nicht sehen kann.

„Großer Zaubrer Schmu-und-Trick
gib die Hüte mir zurück!"
Jetzt wird die linke Hand mit dem Handrücken nach oben auf den Tisch gelegt, die Hütchen sind „zurückgezaubert"; das Spiel beginnt von vorn, nun mit der anderen Hand.

Mix und Max

Die Heinzelmännchen Mix und Max,
die spielen gern Verstecken.
Mit ihren Hütchen rot und blau
(oder gelb und braun – schwarz und weiß usw.)
kann man sie rasch entdecken.
Das ist der Mix!
Das ist der Max!
Husch – sind die beiden weg.
Jetzt sagt mir rasch,
wo stecken sie?
Wer sitzt in dem Versteck?

Auf die Fingernägel beider Zeigefinger und beider Mittelfinger werden jeweils dieselben zwei Farben geklebt oder aufgemalt, z. B. rot und blau. Die Hände sind zu Fäusten geballt, jeweils ein Finger mit einer Farbe liegt auf der Tischkante. Der rote Finger rutscht hin und her, der blaue Finger rutscht hin und her. Plötzlich verschwinden die Finger unter dem Tisch. Die Kinder sollen raten, wo Mix (rot) und Max (blau) sind. Um das Spiel lustig und spannend zu machen, werden jetzt die andersfarbigen Mittelfinger auf die Tischkante gelegt, das Spiel beginnt von neuem.

Kauft ein – kauft ein!

Ding-dong-dingedong,
kommt alle her!
Ich bin der kleine Buttermann.
Kauft Butter, bitte sehr!
Die linke Hand mit den bunten Fingernägeln liegt auf dem Tisch.
Die rechte Hand klopft auf den Tisch, das Kind ruft die Käufer herbei.

Frau Rot sagt: „Das ist fein!"
Kauft gleich ein Kilo ein.
Der rote Finger wird hochgehalten.

Sieben Taler hab ich hier,
sieben Taler geb ich dir.
Der rote Finger bezahlt, indem er siebenmal in die rechte Hand tippt.

Ding-dong-dingedong,
kommt alle her!
Ich bin der kleine Würstchenmann.
Kauft Würstchen, bitte sehr!
Wie oben spielen.

Herr Grün sagt: „Das ist fein!"
Kauft gleich fünf Würstchen ein.
Der grüne Finger wird hochgehalten.

Sieben Taler hab ich hier,
sieben Taler, geb ich dir.
Wie oben bezahlen.

Ding-dong-dingedong,
kommt alle her!
Ich bin der kleine Brötchenmann.
Kauft Brötchen, bitte sehr!
Wie zuvor spielen.

Frau Gelb sagt: „Das ist fein!“
Kauft gleich zehn Brötchen ein.
Der gelbe Finger wird hochgehalten.

Sieben Taler hab ich hier,
sieben Taler geb ich dir.

Ding-dong-dingedong,
kommt alle her!
Ich bin der kleine Eiermann.
Kauft Eier, bitte sehr!
Wie oben spielen.

Herr Blau sagt: „Das ist fein!“
Kauft gleich zwölf Eier ein.
Der blaue Finger wird hochgehalten.

Sieben Taler hab ich hier,
sieben Taler geb ich dir.
Wie oben spielen.

so wurde alles nach Haus gebracht – gute Nacht

Bunte Luftballons

Jeder Finger erhält eine andere Farbe:
Rot, Gelb, Blau, Grün – nur der Daumen erhält keine.
Vier kunterbunte Luftballons,
die tanzten frisch und frei.

Ein Spatz mit spitzem Schnäbelein,
der pickte in den roten rein –
knallbum – war er entzwei.
Der rote Farbfinger wird versteckt (eingebogen).

Drei kunterbunte Luftballons,
die tanzten frisch und frei.
Ein Specht mit spitzem Schnäbelein,
der pickte in den gelben rein –
knallbum – war er entzwei.
Der gelbe Farbfinger wird versteckt.

Zwei kunterbunte Luftballons,
die tanzten frisch und frei.
Ein Storch mit spitzem Schnäbelein,
der pickte in den blauen rein –
knallbum – war er entzwei.
Der blaue Farbfinger wird versteckt.

Ein kunterbunter Luftballon,
der tanzte frisch und frei.
Ein Fink mit spitzem Schnäbelein,
der pickte in den grünen rein –
knallbum – war er entzwei.
Der grüne Farbfinger wird versteckt.

Da kam der kleine Doppeldick.
Als er den Schaden sah,
fing er sogleich zu pusten an,
Der Daumen wird hochgehalten, das Kind
pustet auf die anderen Finger.

und gar nicht lange waren dann,
die viere wieder da!
Die Farbfinger tanzen auf und ab.
Das Spiel kann von vorn beginnen.

Der Grüne sass unter der Ofenbank

Der Grüne saß unter der Ofenbank.
Der Rote saß hinter dem Kleiderschrank.
Der Gelbe saß hinter dem Zwiebeltopf.
Der Blaue saß auf einem Gurkentopf.
Der Dicke hat nach sieben Stunden
alle vier gefunden.

Der ist rot wie eine Rose

Der ist rot wie eine Rose.
Der ist gelb wie deine Hose.
Der ist blau wie Omas Dose.
Der ist grün wie Gras.
Geschmolzner Schnee ist naß.
Spielweise wie bei Fingerzählspielen Seite 67ff.

Wo ist der kleine Puck?

Roter Nic, du mußt hinaus,
bring den kleinen Puck nach Haus.
Der rote Finger wird hochgehalten.

Nein, alleine geh ich nicht,
Grüner Nic, begleite mich.
Der grüne Finger wird hochgehalten.

Grüner Nic, du mußt hinaus,
bring den kleinen Puck nach Haus.
Nein, alleine geh ich nicht,
Gelber Nic, begleite mich.
Der gelbe Finger wird hochgehalten.

Gelber Nic, du mußt hinaus,
bring den kleinen Puck nach Haus.
Nein, alleine geh ich nicht,
Blauer Nic, begleite mich.
Der blaue Finger erscheint.

Alle rufen laut „Hurra!"
Kleiner Puck ist wieder da!
Der Daumen kommt hervor.

Püppchen anziehen

Mein Püppchen ist lieb,
ich halt es im Arm.
Da liegt es so niedlich
und hat es schön warm.
Auf den Handrücken der rechten Hand wird ein Gesicht gemalt, die Fingernägel sind bunt. Die rechte Hand wird als Faust in die Armbeuge (links) gelegt, die bunten Fingernägel sind verschwunden. Ein zweites Kind beantwortet die Fragen bzw. nennt die Farbe.

Ich geb ihm zu essen,
zu trinken, und dann
zieh ich meinem Püppchen
ein Kleidchen an,
Höschen usw.
Welche Farbe soll es haben?
Ein Farbfinger wird gezeigt.

Rot – ja Rot, das lieb ich sehr,
Blau usw.
hol ein rotes Kleidchen her.
Höschen usw.
Sind alle Finger gezeigt worden,
legt das andere Kind sein
„Püppchen" in den Arm usw.

Handklappspiele

Erklärungen für Handklappspiele

1 = in die Hände klatschen
2 + 3 = mit beiden Händen gegen die Hände des Partners klatschen
2 = mit der rechten in die linke Hand des Partners klatschen
3 = mit der linken Hand in die rechte Hand des Partners klatschen
4 = mit den Schultern zucken
5 = überkreuzt die rechte Hand anschlagen
6 = überkreuzt die linke Hand anschlagen
7 = auf die Oberschenkel klatschen
8 = hinter dem Rücken klatschen
9 = mit den Füßen stampfen
10 = herumdrehen

Die Kinder stehen einander paarweise gegenüber und klatschen im Rhythmus des Reims bzw. der angegebenen Spielweise abwechselnd in die eigenen und gegen die Hände ihres Partners.

Der Gänsebraten

1	8	7	1	2+3	8	7	1	2+3
Der	Gi -	Ga -	Go -	Gu -	Gän -	se -	bra -	ten

8	7	1	2+3	8	7	1	2+3
ist	der	Mut -	ter	gut	ge -	ra -	ten.

1	5	1	6	1	5	1
Brust	und	Keu -	len	schmek -	ken	fein,

6	1	5	1	6	1	5	1
da -	zu	gibt's	ech -	ten	Gän -	se -	wein

1	8	8	7	7	2+3	2+3	2+3
und	Gän -	se -	blüm -	chen	als	Sa -	lat.

1	4	4	4	4	10	10	10
Sag,	wie -	viel	Leu -	te	wer -	den	satt?

Eine Zahl bis 20 nennen, so viele Male in die Hände klatschen.

Bei Müllers hat's gebrannt

2+3 2 3 2+3 1 2+3 1 1
Bei Mül - lers hat's ge - brannt, - brannt, - brannt,

2+3 2 3 2+3 1 2+3 1 1
da bin ich hin ge - rannt, - rannt, - rannt.

2+3 2 3 2+3 1 1 1
Da kam ein Poli - zist, - zist, - zist,

2+3 2 3 2+3 1 1 1
der schrieb mich auf die List, List, List.

2+3 2 3 2+3 1 1 1
Die List fiel in den Dreck, Dreck, Dreck,

2+3 2 3 2+3 1 1 1
da war mein Name weg, weg, weg.

R. Pousset

In Amerika

2+3	1	2+3	1	2+3	1	2+3		1
Eins	zwei	drei	vier	fünf	sechs	sie	-	ben,

2+3	1	2+3	1	2+3	1		2+3
wo	bist	du	so	lang	ge	-	blieben?

2+3	1	2	2+3	1	3
Warst	nicht	hier,	warst	nicht	da,

2+3	1	2+3	1		2+3		2+3
warst	wohl	in	A	-	meri	-	ka?

R. Pousset

Kleiner Hampelmann

1 2+3 1 2+3 1 2+3 1 2+3
Ich bin ein klei - ner Ham - pel - mann,

1 2+3 1 2+3 1 2+3 1 2+3
der Arm und Bein be - we - gen kann,

1 2 4 4
mal rechts hm hm,

1 3 4 4
mal links hm hm,

1 2+3 4 4
mal auf hm hm,

Dabei die Arme nach oben strecken.

1 2+3 4 4
mal ab hm hm,

Dabei in die Hocke gehen.

1 2+3 1 2+3 2+3 2+3
und auch mal klapp, klapp, klapp.

R. Pousset

Ein Fass aus Glas

1 7 1 7 1 7 1
Made - moi - sell - chen Knub - bel - nas,

7 1 7 1 7 2+3 2+3 2+3
die macht sich ei - nen Rie - sen - spaß.

2+3 2 2 2 2 3 3 3
Sie setzt sich in ein Re - gen - faß;

3 2 2 2 2 3 3 3
das Re - gen - faß, das ist aus Glas.

3 7 8 7 1 7 8 7
Da rollt ein gro - ßer Stein her - bei

1 5 1 6 1 5 1 2+3
und bricht das Faß aus Glas ent - zwei.

10
Klirrrr . . .

Der Leierkasten

Fritz hat einen Leierkasten,
dreht die Kurbel rundherum.

Die einander gegenüberstehenden Kinder reichen sich die rechte Hand, ziehen so mit den Händen einen großen Kreis. Danach erfolgt das Handklappspiel.

1 5 1 6 1 5 1 6
Frit - ze spielt Ber - li - ner Lie - der,

1 5 1 6 1 5 1 6
im - mer wie - der, im - mer wie - der.

1 1 1 1 9 9 9 9
Al - le klat - schen, al - le stamp - fen.

7 7 1 1 7 7 2+3
Plötz - lich fällt mit viel Ge - brumm

2+3 1 2+3 1 2+3 1 10
der Lei - er - ka - sten um. Bum!

Beim Doktor

7 2+3 7 2+3 7 2+3 7
Lie - ber Dok - tor Pil - len - rund,

2+3 7 2+3 7 2+3 7 2+3 7
ich bin so krank, mach mich ge - sund.

1 1 5 5 1 1 6 6
Ja, ich ha - be gu - te Sa - chen,

1 1 5 5 1 1 6 6
was zum Wei - nen, was zum La - chen;

7 1 2+3 1 7 1 2+3
du wirst sehn, wie gut das tut:

Die folgenden Handlungen behutsam ausführen und dazu rhythmisch sprechen.

ein Na - sen - stub, ein Oh - ren - zupf,

ein Haa - re - ziep, ein Fin - ger - kniep,

7 1 1 1 1 10
und schon ist al - les wie - der gut.

Der Dudelsack

1 2+3 1 2+3 1 2+3 1 2+3
Der Du - del - sack, der Du - del - sack,

1 5 1 6 1 5 1 6
der du - delt schon den gan - zen Tag.

Sprechen: Wo dudelt er morgen? In Halle, Bremen, München …

1 7 1 2+3 7 1 2+3 7 1 2+3 7 1
Die Mäd - chen in Hal - le, die hab'n kei - ne Ru - he,

2+3 7 1 2+3 7 1 2+3 7 1 2+3 7 1
mal tan - zen sie bar - fuß und mal oh - ne Schu - he.

2+3 9 9 9 9
Hei - di - del - dum - dei.

Der Fuhrknecht

1 5 1 6 1 5 1
Pi - pa - po - pu Peit - schen - stiel,

6 1 5 1 6 1 5 1
der Fuhr - knecht haut die Och - sen viel.

1 2 2 2 1 3 3 3
Da nehm ich ihm die Peit - sche weg,

1 2 2 2 1 3 3 3
die Och - sen lau - fen weg vom Fleck,

1 9 9 9 9 9 9 9
so schnell hast du's noch nicht ge - sehn.

1 2+3 2+3 2+3 2+3 2+3 2+3 2+3
Der Fuhr - knecht bleibt al - lei - ne stehn.

Ätsch! Lange Nase zeigen.

Der Bauer hat ein Schwein geschlacht'

1	2+3	2+3	2+3	1	2+3	2+3	2+3
Der	Bau -	er	hat	ein	Schwein	ge -	schlacht',

1	5	5	5	1	6	6	6
hat	Fleisch	und	Wurst	zum	Markt	ge -	bracht.

1	7	7	7	7	2+3	2+3	2+3	2+3
Das	Fleisch,	die	Wür -	ste	eß	ich	ger -	ne,

7	7	7	7	2+3	2+3	2+3	2+3
a -	ber	kei -	ne	Pflau -	men -	ker -	ne.

1	5	1	6	1	5	1	6
Lie -	ber	noch	eß	ich	ein	Ei	und

8	8	1	1	2+3	2+3	2+3	10
da -	zu	viel	Kar -	tof -	fel -	brei.	Aus!

Frühling, Sommer, Herbst und Winter

2 3 1 1 7 7 9 9
Ei - ne Mut - ter hat vier Kin - der:

2 3 1 1 7 7 9 9
Früh - ling, Som - mer, Herbst und Win - ter.

7 1 2+3 1 7 1 2+3
Fängt im März der Früh - ling an,

1 7 1 2+3 1 7 1 2+3
bringt grü - nes Gras und Lö - wen - zahn.

1 2 2 2 1 3 3 3 1
Der Som - mer läßt die Leu - te schwit - zen,

2 2 2 1 3 3 3 3
brau - chen kei - ne Pu - del - müt - zen.

1 5 1 6 1 5 1
Und der Herbst pflückt Blatt für Blatt,

6 1 5 1 6 1 5
bis der Baum kein Blatt mehr hat.

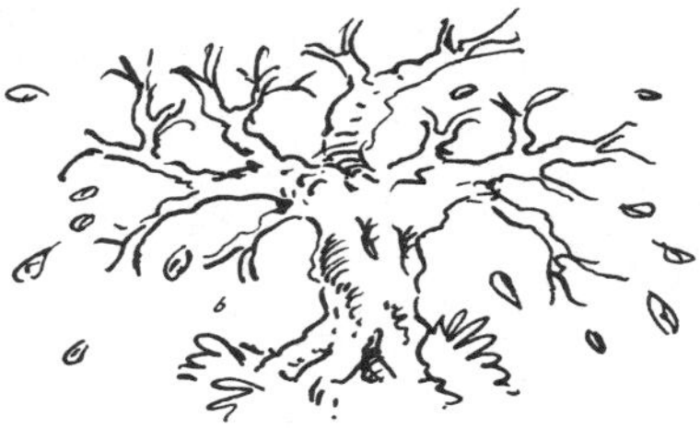

1 7 7 7 7 2 2 2
Im Win - ter kommt der Weih - nachts - mann,

1 3 3 3 3 1 2+3 1
der dir ’ne Ru - te brin - gen kann.

Hille-bille

1 1 2+3 2+3 1 1 2+3 2+3
Hil - le - bil - le nimmt Ka - mil - le,

1 1 2+3 2+3 1 1 2+3 2+3
Pe - ter - si - lie, ei - ne Li - lie,

1 5 1 6 1 5 1
Pfef - fer - min - ze und ein Ei

6 1 5 1 6 1 5 1
und kocht da - raus Ge - mü - se - brei;

1 7 7 7 1 8 8 8
sie ißt den Brei, die Tel - ler auch,

1 9 9 9 9 2+3 2+3 2+3
und rums – da platzt der dik - ke Bauch!

10
Au!

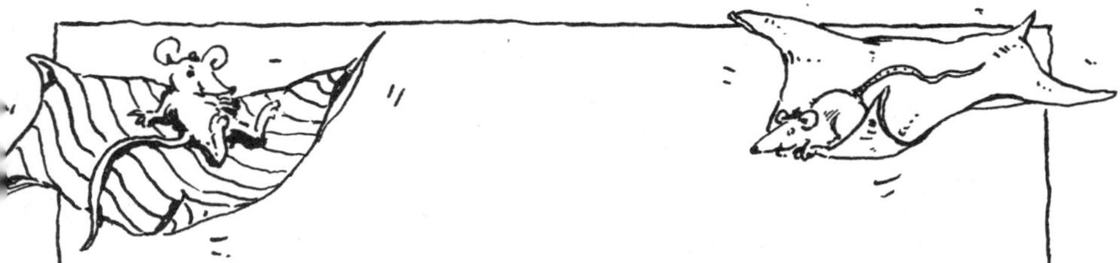

Spiel und Spaß mit dem Taschentuch

Spiel und Spaß mit dem Taschentuch zu veranstalten ist ein überliefertes Unterhaltungsspiel, das die Kinder früherer Generationen „erfanden", weil ihnen ihre Eltern wenig Spielzeug zur Verfügung stellen konnten. Diese einfachen Spiele verlangten eine gehörige Fingerfertigkeit und übten gerade deshalb großen Reiz zum Nachahmen und Spielen aus.
Viele Gelegenheiten gibt es im Familienalltag oder im Kindergarten, Spiel und Spaß mit dem Taschentuch als wirkungsvolle einfache pädagogische Mittel anzuwenden.
Bei jüngeren Kindern bewirkt das Spiel mit dem „verwandelten Taschentuch" Staunen, Freude und Heiterkeit – und wie oft müssen die Jüngsten doch behutsam abgelenkt, getröstet, unterhalten werden! Das Vorschulkind fühlt sich besonders eng mit dem Erwachsenen verbunden, wenn er ihm Spaß verschafft und vor seinen Augen zum Beispiel ein *Taschentuchpüppchen* knotet oder ein *Mäuschen* zaubert.
Fingerspielreime und Gedichte lassen sich gut mit Taschentuchpüppchen darstellen.
Ist das Kind einmal krank und muß im Bett liegen, so wird ein „herbeigezaubertes" Taschentuchpüppchen Überraschung hervorrufen und es ein wenig von seinen Beschwerden ablenken.
Im folgenden zeigen wir, wie eine Taschentuchfigur „zum Leben erweckt", also geknotet werden kann. Alles soll sich vor den Augen des Kindes vollziehen.

Das Taschentuchpüppchen

Man nimmt ein großes Taschentuch (oder eine Stoffserviette) und macht in drei seiner Zipfel einen Knoten: Der mittlere Knoten ist der Kopf, die seitlichen sind die Arme. Fertig ist das Püppchen!

Nun streckt man Daumen, Zeigefinger und Mittelfinger aus und führt sie durch die drei Knoten. Der freihängende Zipfel bedeckt als „Kleid" die Hand des Spielers (Abb. 1).

1

Ein schwieriger geknotetes Taschentuchpüppchen:
Man verwendet ebenfalls ein einfarbiges Taschentuch und dazu drei farbige Bändchen (oder dicke Wollfäden). Wiederum knüpft man drei Knoten ein, diesmal aber nicht an den Ecken, sondern an den Kanten des Tuches, diese stellen Kopf und Arme der Puppe dar (Abb. 2).

2

Nun nimmt man das Tuch mit Daumen und Zeigefinger an den beiden freihängenden unteren Ecken und dreht das Ganze mehrmals herum, so oft, bis zwei feste Beinchen entstanden sind, die man mit je einem Faden am Fußende abbindet (Abb. 2).
In der Taille erhält das Püppchen ebenfalls eine farbige Schleife oder ein Band, und schon kann es tanzen!

2a

Lustig ist es, wenn man mehrere dieser Püppchen knotet, alle können originell aussehen, je nachdem, wie man die Taille abbindet – hoch oder tief –, die Tücher sollten dann unterschiedliche Farben haben.
Sollen sie „Ballett tanzen“, so zieht man jedem Püppchen eine Schlinge durch den Kopfzipfel (Abb. 2a) und hängt sie an Schlingen auf eine feste Schnur. Zwei Kinder halten diese Schnur so straff, daß die Püppchen wie Marionetten die Unterlage mit den „Fußzipfeln“ berühren. Mit Glöckchen, Schellen, Triangel und ähnlichen Instrumenten machen wir Musik oder blasen auf der Mundharmonika und lassen die „Puppen tanzen“.

W. Singer

Das Kopfpüppchen

Diese Püppchen können die Kinder ohne zu nähen, allein durch Abbinden und Verknoten, herstellen. Man braucht ein größeres viereckiges Tuch oder ein Stück Stoff, in dessen Mitte ein Tischtennisball gelegt wird. Der Stoff wird um den Ball gehüllt und mit einem Faden abgebunden (vgl. Abb. 3). Dann dreht man den rechten und den linken Stoffzipfel etwas ein und verknotet die Enden, die Arme der Puppe sind fertig! Ebenso wird die Taille abgebunden. Die unteren, noch freihängenden Zipfel zieht man leicht nach rechts und links (das Tuch liegt ja doppelt!) und dreht und verknotet so die „Beine" der Puppe (Abb. 4).
Das so entstandene Püppchen besitzt nun einen festen Kopf, dem man ein andersfarbiges Kopftüchlein umbinden und Stoffaugen aufkleben oder aufmalen kann.
Es ist auch möglich, in die Mitte eines zweiten Tuches ein Loch zu schneiden und dieses dem Püppchen als Poncho über den Kopf zu streifen. Darunter kann die Hand des Spielenden versteckt werden – und schon ist es eine Handpuppe! Diese Stoffpüppchen sind sehr beweglich, sie können zwar nicht allein stehen, dafür aber sitzen, liegen, hüpfen, tanzen, sich drehen, mit dem Kopf nicken und anderes mehr. (Es empfiehlt sich, in den Ball eine Öffnung für den Finger zu schneiden!) So läßt sich mancherlei darstellen und vorspielen. Wenige Anregungen genügen – dann beginnen die Kinder selbst zu spielen.

W. Singer

3
4

Die Taschentuchmaus

Haben Sie schon einmal eine Maus aus einem Taschentuch gezaubert? – Mit ein wenig Geduld und Fingerfertigkeit gelingt es bestimmt! Die nebenstehende Anleitung wird Ihnen dabei helfen.

Man kann die kleine Taschentuchmaus mit auf eine lange Reise nehmen. Falls es dem Kind im Wartezimmer des Arztes einmal zu langweilig wird oder wenn der Tag fröhlich ausklingen soll, kann man diese kleine Bastelei nutzen. Das Taschentuchmäuschen kann wahre Wunder vollbringen.

Man nimmt ein Taschentuch und verfährt wie folgt:

1. Das Taschentuch Ecke auf Ecke falten und zwei Ecken des so entstandenen Dreiecktuches zur Mitte hin einschlagen (Abb. 5).
2. Das Ganze von unten herauf bis zum Ende des neuen Bruchs einrollen (Abb. 6).
3. Danach das Ganze umdrehen, nochmals erst die rechte und dann die linke Seite übereinanderschlagen, so daß nun drei gleich lange Teile übereinanderliegen (Abb. 7–9).
4. Zuletzt den nach unten hängenden Zipfel nach oben einschlagen und in die hintere „Tasche“ stecken. Jetzt sieht das Ganze wie eine kleine feste „Wurst“ aus (Abb. 10.) Diese wird mehr und mehr nach innen gekrempelt (wie ein Schlauchboot, das man wiederholt nach innen stülpt). Man beginnt damit, den dicken mittleren Wulst (Abb. 11) nach innen zu krempeln, mehrmals, bis zwei Enden (Zipfel) des Tuches rechts und links sichtbar werden. In diesem mehrmaligen Nachinnenkrempeln und vorsichtigen Herauslösen des rechten und linken Zipfels (Abb. 12) besteht die eigentliche Geschicklichkeit.
5. Die Zipfel sind Kopf und Schwanz der Maus. Einen breitet man auseinander, faltet die Ecke nach unten (Abb. 13), rollt ihn etwas ein und verknotet das Röllchen. Nun hat die Maus einen Kopf mit lustigen Ohren (Abb. 14).

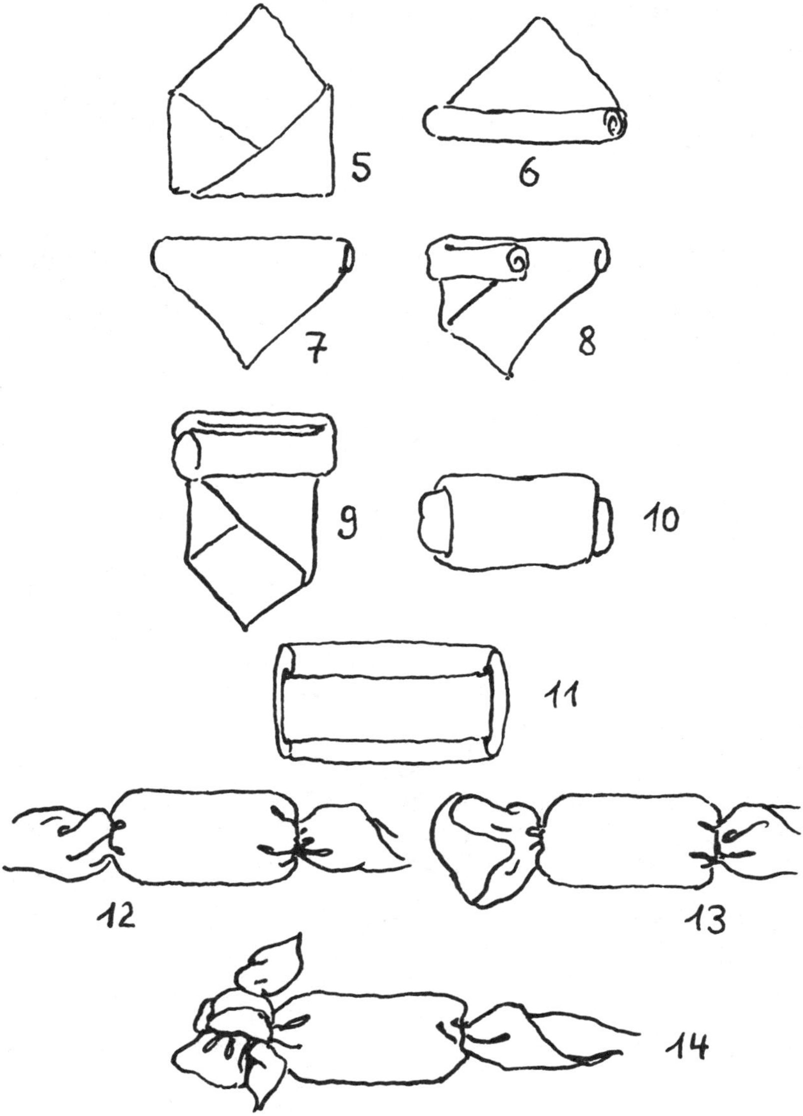
5
6
7
8
9
10
11
12
13
14

Das Spiel mit der Maus

In der Hand der Mutter, des Vaters oder der Erzieherin wurde das Mäuslein „geschaffen", und auf dem Handteller beginnt es mit seinen Entdeckungen.
Den Kopf zur Ellenbeuge gewandt, stupst man es mit dem Mittelfinger sacht nach vorn, hält es dabei am Schwanzzipfel ein wenig fest, läßt es „schnuppern", „suchen", schiebt es am Körper herauf, läßt es hinterm Ohr hervorgucken und am Arm des Kindes hinaufhuschen und ähnliches.
Das Mäuschen kann noch „Geschwister" bekommen und allerlei Unfug mit ihnen treiben. Aber auch Reime kann man mit einer Taschentuchmaus darstellen. Die Kinder erlernen diese Taschentuchspiele nach öfterem Probieren und Zuschauen schnell.
Nun haben sie endlich ein Mäuschen für ihr Puppentheater!

W. Singer

Fingerpuppenspiele und andere lustige Dialoge

So kann man spielen:
– Die linke und die rechte Handfläche bekommen Gesichter aufgemalt und bewegen sich zu den gesprochenen Dialogen.

– Ein Kind spielt mit zwei Fingerpuppen, die es sich auf einen Finger der rechten Hand und auf einen Finger der linken Hand gesetzt hat. Die Puppen werden nun entsprechend dem Text aufeinander zu bewegt, wenden sich ab, verschwinden u. ä.

– Auf Korken, Tischtennisbälle, Schraubverschlüsse, Blechdeckel u. ä. werden Gesichter gemalt oder geklebt. Diese Gegenstände können auf Draht, Holzstäbchen, Pinselstiele, Bleistifte u. a. gesteckt oder geklebt werden, sie stellen die jeweils handelnden Personen dar. Dasselbe kann man natürlich auch mit Taschentuchpüppchen machen.
– Die Bühne ist die Tischkante, die Stuhllehne oder eine aufgespannte Decke.

– Die Dialoge können auch als Partnerspiel von zwei Kindern dargestellt werden.

1 = rechte Hand (1. Kind)
2 = linke Hand (2. Kind)

Der Koffer

1. „Meine Damen und Herren, die Fahrkarten bitte!
Wer stellt denn den Koffer genau in die Mitte?"
2. „Verzeihung, Herr Schaffner, der muß doch hier stehn,
so kann ich den Koffer am besten sehn."
1. „O nein, meine Dame, der wird hochgehoben,
es ist doch noch Platz im Gepäcknetz oben."
2. „Verzeihung, Herr Schaffner, das hat keinen Sinn,
ich hab tausend Eier im Koffer drin."
1. „Ich hör wohl nicht recht? Das ist nicht zu fassen!
Ein Koffer voll Eier – und gleich solche Massen?"
2. „Der Koffer ist groß, und da hab ich gedacht,
der Transport wird so am besten gemacht."
1. „Wir wollen nicht streiten! Der Koffer muß rauf.
Er hält hier im Gang alle Reisenden auf."
2. „Herr Schaffner, ich möchte gewiß keinen Krach –
der Koffer ist schwer, und ich bin so schwach."
1. „Na gut, liebe Dame, ich will nicht so sein,
der Koffer kommt in das Gepäcknetz hinein.
Ein Schwung – ein Knall: Was kommt da geflossen?
Ja, war denn der Koffer nicht abgeschlossen?
Klitsch-klatsch, klitsch-klatsch von der hohen Rampe
tropft die herrlichste, matschige Eierpampe."

Hilfe – Polizei!

1. „Herr Polizist, Herr Polizist! Was mache ich bloß?"
2. „Was gibt's, liebe Frau? Was ist denn nur los?"
1. „Kommen Sie rasch, hier ist was im Zimmer,
das ist riesengroß und wird immer schlimmer."
2. „Gemach, gemach! Nur Geduld, liebe Frau,
Sie sollen mir sagen, was war hier genau?"
1. „Da hinter der Tür hört ich rumpeln und krachen.
Das sind sicher Räuber, die Böses machen."
2. „Aha! Sie hörten, da ist was geschehn!
Doch haben Sie denn auch was gesehn?"
1. „Na klar – so ein schwarzes Ungeheuer
mit soooo langem Schwanz und Augen wie Feuer."
2. „Das klingt ja bedrohlich! Was mag das nur sein?
Jetzt gehe ich mal in das Zimmer hinein."
1. „Nein, holen Sie erst mal Verstärkung her,
so zehn Polizisten! Ich fürchte mich sehr."
2. „Nur Mut, jetzt wird die Tür aufgemacht!"
1. „O nein! Hat da nicht wer gelacht?"
2. „Wie kann man nur so ängstlich sein!
Die Türe auf – ich schau hinein:
Da sitzt Katze Minka, sie fing eine Maus;
jetzt springen Katz und Maus aus dem Fenster hinaus!
Ha-ha-ha – Frau Angsthase!"

Ein Taxi für zwei Damen

1. „Guten Tag, Frau Haferbrei, wie geht es denn so?"
2. „Guten Tag, Frau Taubenei, ich bin gar nicht froh,
ich wart auf ein Taxi schon eine Weile!"
1. „Was? Sie auch? Na, ich bin in Eile."
Tut-tut! Ein Taxi kommt näher und blinkt.
Die Türe geht auf, der Fahrer winkt.
2. „Na endlich! Mein Taxi! Da steige ich ein!"
1. „Wieso? Unerhört! Nein, ich steige ein!"
2. „Nein, ich steig ein, hab so lange gewartet."
1. „Na so was, ich habe viel länger gewartet."
2. „Das darf doch nicht wahr sein! Ich bin zuerst dran."
1. „Nein, ich steh schon länger am Taxistand an."
2. „Nein, das geht zu weit! Ich will nach Berlin!"
1. „Was hör ich? Da will ich doch ebenfalls hin!"
2. „Nur rasch hinein in das Taxi gestiegen,
sonst müßten wir Zwei mit dem Flugzeug fliegen!"
Brumm-brumm – ab geht die Fahrt.

Die neuen Schuhe

1. „Treten Sie näher, treten Sie näher! So kommen Sie rein!
Ich will Sie bedienen. Was darf es denn sein."
2. „Ich brauche noch heute, ich brauche im Nu
ein Paar ganz moderne und todschicke Schuh."
1. „Hier habe ich schwarze mit Knöpfchen rundrum."
2. „Ach nein, da sind ja die Absätze krumm."
1. „Hier habe ich gelbe, seitlich ein Schlitz."
2. „Ach nein, diese nicht, die sind mir zu spitz."
1. „Hier habe ich grüne, die sind so schön breit."
2. „Ach nein, diese nicht, denn die sind mir zu weit."
1. „Hier habe ich rote und vorne ein Loch."
2. „Ach nein, diese nicht, denn die sind mir zu hoch."
1. „Na so etwas ist mir noch niemals passiert.
Hier sind meine letzten, die sind bunt kariert."
2. „O ja, die sind prächtig, da kann ich gut gehen.
Ich danke recht herzlich! Auf Wiedersehen!"

Küken und Entlein

Ein Entenjunges kriecht aus dem Ei.
Entlein: „Ich hab mich durchgepickt."
Ein Küken steht daneben und tut ein Gleiches.
Küken: „Ich auch", piepst es.
Entlein: „Ich geh spazieren".
Küken: „Ich auch."
Entlein: „Ich buddle ein bißchen."
Küken: „Ich auch."
Entlein: „Ich habe einen Wurm geschnappt."
Küken: „Ich auch."
Entlein: „Oh, ich hab einen Schmetterling gehascht."
Küken: „Ich auch."
Entlein: „Ich will nun baden."
Küken: „Ich auch."
Entlein: „Ich kann schwimmen."
Küken: „Ich auch, Hilfe, Hilfe . . .!"
Das Entlein zieht das Küken aus dem Wasser.
Entlein: „Ich gehe noch mal baden."
Küken kleinlaut: „Ich aber ich nicht!"

Nach W. Sutejew

Es werden zwei Fingerpuppen gebraucht: Entlein und Küken. Das Kind spricht den kleinen Dialog mit verstellter Stimme für beide Figuren, oder zwei Kinder sprechen ihn abwechselnd, dabei bewegen sie die Fingerpuppen entsprechend. Ein dicker Wollfaden als Wurm, ein Stück Seidenpapier zum Schmetterling gefaltet, dienen zur Ergänzung der kleinen Handlungen.

Die Einladung

1. „Sind Sie nicht Fräulein Rippenspeck?“
2. „Sind Sie nicht Fräulein Nudelfleck?“
1. „Wie schön, meine Liebe, so bleiben Sie stehn!
   Daß wir uns auf einmal hier wiedersehn?“
2. „Nein, so eine Freude! Wo kommen Sie her?
   Daß ich Sie erkannte, das war gar nicht schwer.“
1. „Mir ging es genauso! Ich hab ’ne Idee:
   Wir trinken erst einmal ein Täßchen Kaffee.“
2. „O ja, meine Liebe, da bin ich dabei,
   dazu ein Stück Torte, vielleicht sogar zwei.“
1. „Ich eß schrecklich gerne Rhabarberkuchen
   mit Sahne! Sie sollten das auch mal versuchen.“
2. „Nein, ich esse lieber Blätterteigscheiben,
   darauf muß man Schokolade zerreiben,
   dazu fein geröstete Mandelsplitter,
   natürlich nur süße, auf keinen Fall bitter.“
1. „Mir läuft schon das Wasser zusammen im Mund.
   Ich eß doch so gern, darum bin ich so rund.“
2. „Nun kommen Sie rasch in die Gaststätte rein.
   Zu Kaffee und Kuchen, da lad ich Sie ein.“
1. „Nein, ich lade ein!“
2. „Nein, ich lade ein!“ …

Fingerspiele mit Melodien

Seht euch meine beiden Hände an

Text und Melodie: E. Schirmer

2. Ich kann meine Hände falten und die Kaffeetasse halten!
3. Das Gesicht kann ich mir waschen und vom Kuchen Streusel naschen!
4. Kann ein Sträußchen Blumen pflücken und den Teddy an mich drücken!
5. Kann dir übers Köpfchen streichen und dir beide Hände reichen!

„Seht euch meine beiden Hände an",
Die Kinder stehen sich paarweise gegenüber und klatschen sich gegenseitig in die erhobenen Hände.

„einmal rechts",
Die rechten Hände werden aneinandergeschlagen.

„einmal links";
Die linken Hände werden aneinandergeschlagen.

„was man damit alles machen kann;"
Wie am Anfang gegenseitig in die Hände klatschen.

„einmal rechts, einmal links."
Jetzt wieder überkreuzt – rechts auf rechts, links auf links klatschen. Dann werden die dem Text entsprechenden Bewegungen nachgeahmt, wie malen, waschen, pflücken, naschen usw.

„Dies und das, dies und das, das macht meinen Händen Spaß!"
Die Kinder fassen sich an den Händen und drehen sich im Kreis herum.

Kleiner Zwerg, komm tanz mit mir!

Text: B. Cratzius / Melodie: überliefert

2. Großer Ries, komm, tanz mit mir …
3. Kasperle, komm, tanz mit mir …
4. Kater Mohr, komm, tanz mit mir …
5. Pudel Max, komm, tanz mit mir …
6. Lieber Hänsel, tanz mit mir …
7. Liebe Gretel, tanz mit mir …
8. Schwarze Hex, komm, tanz mit mir …
9. Rotkäppchen, komm, tanz mit mir …
10. Zottelbär, komm, tanz mit mir …

Ein Spiel für Fingerpuppen, die man mit dieser kleinen Melodie einzeln ruft und dann miteinander tanzen läßt. Als Fingerspiel berühren sich jeweils Daumen und Zeigefinger beider Hände und „tanzen", indem die Hände etwas umeinandergedreht oder hin und her bewegt werden. Die Namen können entsprechend der vorhandenen Handpuppen oder Fingerpuppen geändert werden.

Die Schnecke

In unserm Garten kriecht die Schnecke
und kommt ganz langsam nur vom Flecke,
und auf dem Rücken trägt sie aus
das schneckenrunde Schneckenhaus.

Singen:

Die rechte gestreckte Hand mit dem Handrücken nach oben ganz langsam über den Tisch heranziehen. Die linke Hand zur Faust schließen, Daumen nach innen nehmen, auf die rechte Hand legen.

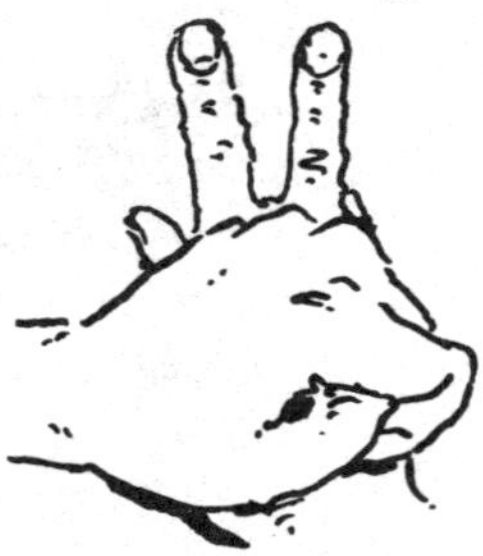

Sie streckt die Fühler in die Luft
und freut sich an dem Blumenduft.
Ganz leis rühr ich die Fühler an,
o, wie sie jäh erschrecken kann!
Sie zieht schnell ihre Fühler ein
und kriecht ins Schneckenhaus hinein.

Zeigefinger und Mittelfinger der rechten Hand hochrecken, mit dem linken Zeigefinger den rechten berühren. Bei „... zieht schnell ihre Fühler ein“ den rechten Finger einziehen, rechte Hand auch zur Faust ballen, linke darüberlegen.

Singen:

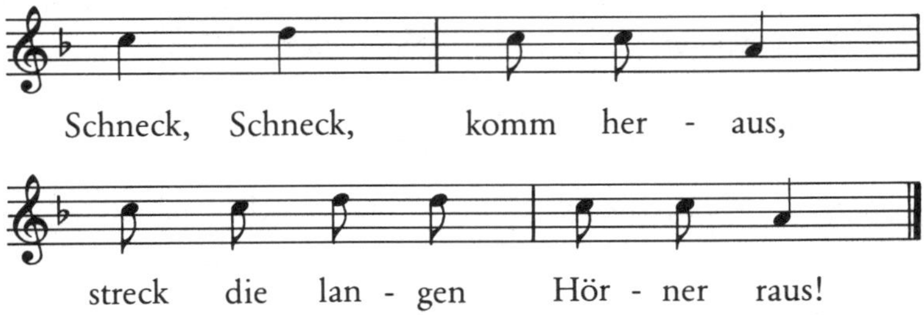

Da kommt sie langsam aus dem Haus,
streckt wieder ihre Fühler aus.
Schneck, Schneck!
Die rechte Hand wieder langsam ausstrecken, Zeigefinger und Mittelfinger als „Fühler“ hochheben.

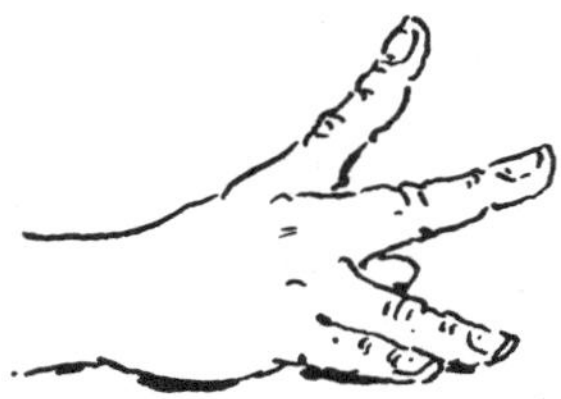

Mickymaus-Lied

Text: B. Cratzius
Melodie: überliefert

2. Neun kleine Mickymäus,
die naschten Speck bei Nacht.
Da schnappt die Mausefalle zu,
da waren's nur noch acht.

3. Acht kleine Mickymäus,
die hat die Katz vertrieben.
Die kleinste hat sie fast erwischt,
da waren's nur noch sieben.

4. Sieben kleine Mickymäus,
rannten zu der Hex.
Die frechste hat sie fortgehext,
da waren's nur noch sechs.

5. Sechs kleine Mickymäus,
die strickten rote Strümpf.
Die eine ließ die Maschen falln,
da waren's nur noch fünf.

6. Fünf kleine Mickymäus,
die tranken gerne Bier.
Die eine trank zuviel davon,
da waren's nur noch vier.

7. Vier kleine Mickymäus
versteckten sich im Heu.
Die eine fand nicht wieder raus,
da waren's nur noch drei.

8. Drei kleine Mickymäus,
die fraßen Körnerbrei.
Die eine hat zuviel gekriegt,
da waren's nur noch zwei.

9. Zwei kleine Mickymäus,
die liefen bis nach Mainz.
Die eine wollt durchs Wasser gehn,
da war es nur noch eins.

10. Ins Bettchen geht die Mausmama,
da will sie alle sehn.
Es fiept und raschelt überall,
nun waren's wieder zehn.

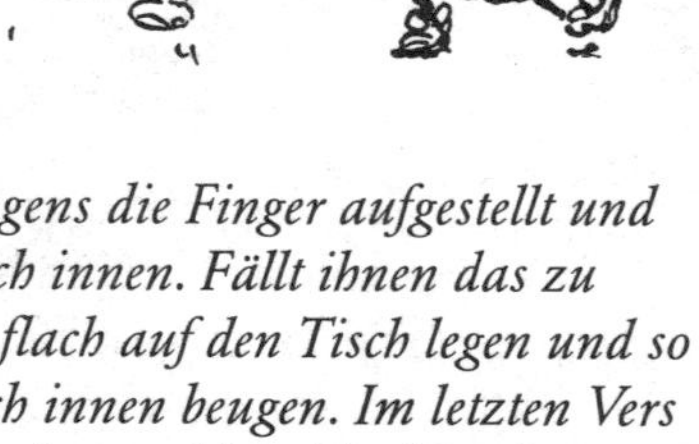

Die Kinder halten während des Singens die Finger aufgestellt und beugen einen nach dem anderen nach innen. Fällt ihnen das zu schwer, können sie die Hände auch flach auf den Tisch legen und so einen Finger nach dem anderen nach innen beugen. Im letzten Vers krabbeln alle wieder hervor und huschen auf dem Tisch umher.

Wer will fleissige Handwerker sehn

überliefert

2. Seht, wie fein – seht, wie fein –
der Glaser setzt die Scheiben ein!

3. Strich, strich, strich – strich, strich, strich –
der Maler malt die Wände frisch!

4. Schrumm, schrumm, schrumm – schrumm, schrumm, schrumm –
der Schlosser dreht den Schlüssel rum!

5. Zisch, zisch, zisch – zisch, zisch, zisch –
der Tischler hobelt glatt den Tisch!

6. Poch, poch, poch – poch, poch, poch –
der Schuster nagelt zu das Loch!

7. Stich, stich, stich – stich, stich, stich –
der Schneider näht ein Kleid für dich!

8. Hopp, hopp, hopp – hopp, hopp, hopp –
nun tanzen alle im Galopp!

Dieses Spiel ist eigentlich als Bewegungsspiel im Kreis bekannt, man kann es aber auch am Tisch spielen. In den Strophen 1–8 werden entsprechend dem Text einzelne Arbeitsvorgänge nachgeahmt.

Bewegungsvorschläge:

Wer will fleißige Handwerker sehn . . .,
In Strophe 1–8 mit den Zeigefingern im Wechsel auf den Tisch klopfen.

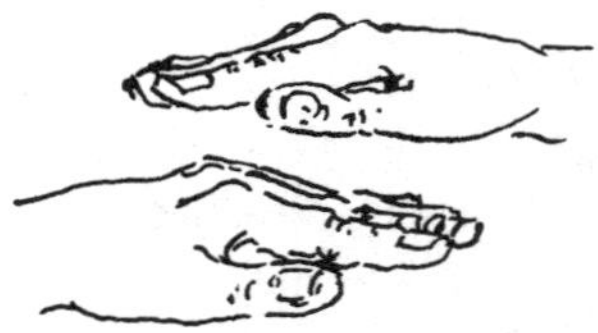

Stein auf Stein . . .,
Flache Handflächen im Wechsel übereinander heben.

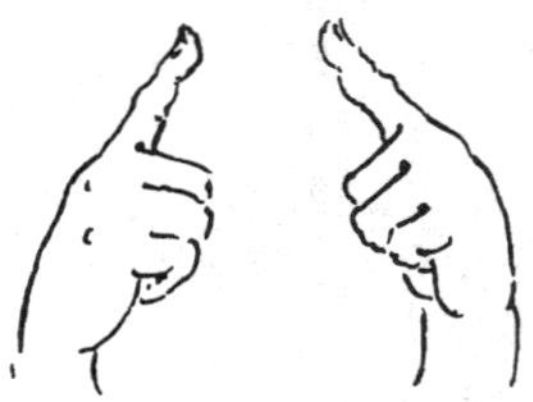

der Glaser . . .,
Mit den Zeigefingern ein Viereck andeuten.

der Maler...,
Bewegungen des Streichens und Rollens der Malerbürste nachahmen.

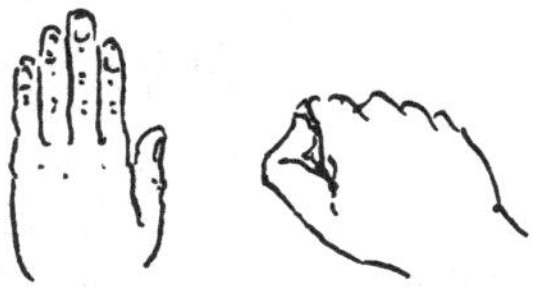

der Schlosser...,
Geschlossene Faust hin- und herdrehen.

der Tischler...,
Eine Hand mit aufgestellten Daumen flach halten, den Daumen mit der anderen Hand erfassen, hin- und herführen.

der Schuster...,
Mit einer Faust auf die Handfläche der anderen Hand pochen.

der Schneider...,
Eine Hand flach an den Körper halten, mit dem Zeigefinger der anderen Hand das Nähen und Einstechen der Nadel nachahmen.

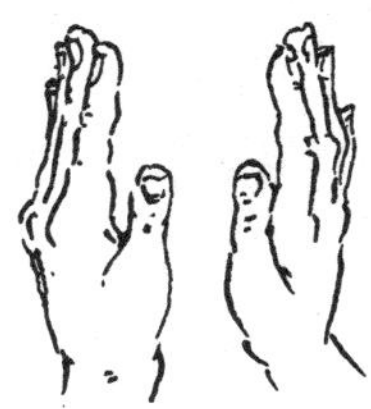

Hopp, hopp, hopp...,
Rhythmisch klatschen, Grundschlag.

Das ist der Daumen

Text: überliefert
Melodie: R. Jacobs

Gespielt wird wie beim Fingerzählen, doch mit dem Singen dieser Melodie gefällt das Spiel den Kindern besonders gut.

Falle, falle, falle

Text und Melodie: W. Bender

2. Falle, falle, falle,
weißer Schnee, kalter Schnee,
tust den Bäumen gar nicht weh,
und wir freun uns alle.

Die Kinder heben die Hände hoch und ahmen das Herabfallen der Herbstblätter bzw. in Vers zwei der Schneeflocken nach. Bei „gelbes Blatt, rotes Blatt" bilden sie mit einem ausgestreckten Arm und gespreizten Fingern den „Baum", zeigen auf die „Äste"; in Vers zwei ebenso beim Wort „Bäume". Das Spiel kann mehrmals wiederholt werden.

Windrädchen

Text und Melodie: E. Schirmer

„Windrädchen, Windrädchen ..."
Die gestreckten Hände kreisend umeinanderdrehen.

„Kommt ein Pustewind von Nord ..."
Die Hände kreisen auf der rechten Seite.

„Kommt ein Pustewind von Süd ..."
Die Hände kreisen auf der linken Seite.

„Kommt ein Pustewind von West ..."
Die Hände zusammenlegen und zum Beispiel unter dem Tisch verstecken.

Meine Hände sind verschwunden

überliefert

Meine Hände sind verschwunden.
Beide Hände werden hinter dem Rücken versteckt.

Ich habe keine Hände mehr.
Das Kind schüttelt verneinend den Kopf.

Seht, da kommen alle beide Hände wieder her.
Die Hände werden hochgehalten und hin und her gedreht.

Das Spiel kann beliebig erweitert werden:

Meine Augen sind verschwunden,
Wangen
Ohren

Ich habe keine ... mehr.
Beide Hände verdecken die Augen (Wangen, Ohren usw.)

„Seht, da kommen meine beiden Augen wieder her."
Die Hände tippen im Wechsel – rechts/links – auf die Augen o. a.

Ritsche – ratsche

Text und Melodie: E. Schirmer

2. Ritsche – ratsche, so viel Holz!
Komm mal her und faß mit an.
Wenn du mir beim Sägen hilfst,
ist die Arbeit rasch getan.
Ritsche – ratsche, ritsche – ratsche.

3. Ritsche – ratsche, hin und her,
jetzt gehts Sägen nicht mehr schwer.
Unsre Säge, eins – zwei – drei,
sägt das ganze Holz entzwei.
Ritsche – ratsche, ritsche – ratsche.

Die rechte gestreckte Hand wird langsam und schwerfällig, wie beim Sägen, hin- und herbewegt.
Im zweiten Vers erfolgen die Bewegungen etwas rascher.
Im dritten Vers werden die Handflächen beider Hände aneinandergelegt und sehr schnell über dem Tisch hin- und herbewegt.

Variante:
Zwei Kinder sitzen sich gegenüber. In den ersten beiden Versen „sägt" jedes langsam und träge mit einer Hand; im dritten Vers fassen die Kinder sich an und ziehen die Hände im Sprechrhythmus über den Tisch.

Ei, wie langsam läuft die Schneck

überliefert

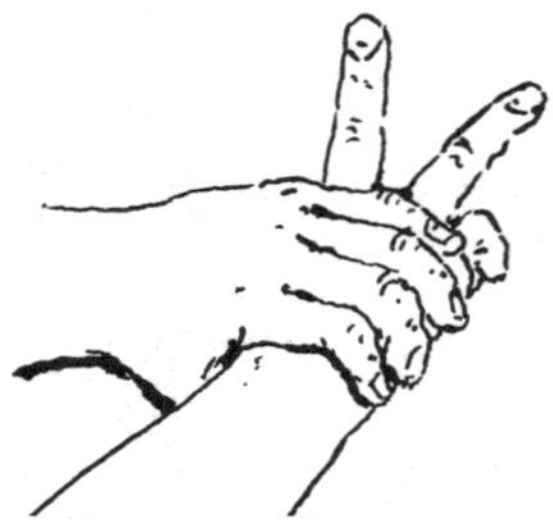

2. Ei, wie langsam, ei, wie langsam
läuft die Schneck im Gras daher,
Ei, da wollt ich schneller laufen,
wenn ich solch ein Schnecklein wär!

Linken Arm anwinkeln, mit der rechten Hand (Schneck) kriechende Bewegung auf den linken Arm zu machen, bis zum Ellenbogen hinaufführen.
In der 2. Strophe mit schnelleren Bewegungen die „Schneck" bis zur Schulter oder Achselhöhle hochkriechen lassen. Die Melodie auch in schnellerem Tempo singen.

Ringlein, Ringlein

überliefert

Die Kinder sitzen im Kreis und halten ihre Hände wie ein Schiffchen flach aneinander. So geben sie unauffällig einen Ring oder ein Steinchen im Kreis herum. Ein Kind geht außen um den Kreis und muß das Spiel beobachten, das Kind herausfinden, bei dem sich das Ringlein befindet. Hat es richtig geraten (am Ende der Strophe), so übernimmt das Kind, bei dem das Ringlein gefunden wurde, das Suchen, sonst sucht das erste Kind noch eine Runde.

Hoppe, hoppe, Reiter

überliefert

schwimmt so schnell er kann, dann

fängt das Spiel von vor - ne an.

Füsslein klein

Text: F. Lenz
Melodie: R. Jacobs

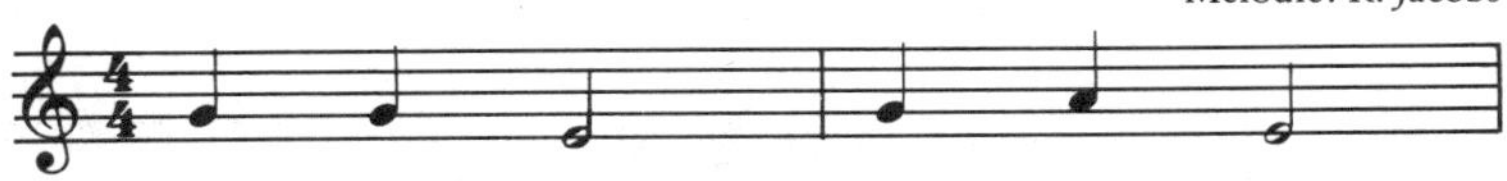

Füß - lein klein, Stram - pel - bein,

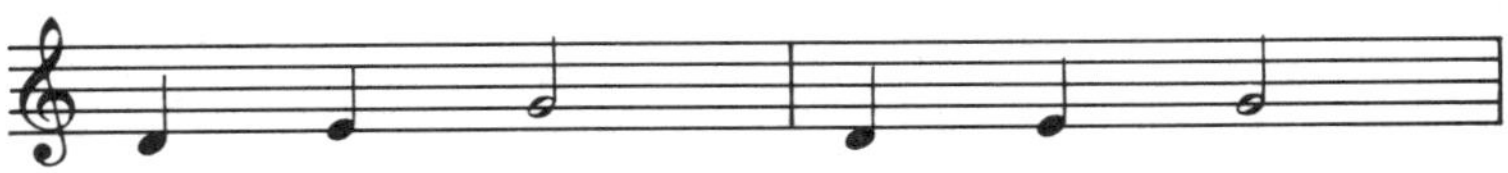

Bäuch - lein rund, kern - ge - sund!

Ärm - chen lang und Händ - chen klein,

al - les, al - les das ist mein.

Der Storch

Text und Melodie: E. Schirmer

„Auf so einem riesengroßen Schornstein
oben ist ein Storchennest."
Den linken Arm hochstrecken, so hoch es nur geht; dann mit der Hand ein Storchennest formen.

„Der Storch, er fliegt zum See hinaus,
doch bald kommt er zurück nach Haus",
Mit Händen und Armen Flugbewegungen nachahmen.

„steht stolz auf einem Bein"
Einen Ellenbogen aufstützen.

„und klappert laut im Sonnenschein."
Daumen und Finger auf- und zuklappen.

„Mein Liedchen geht klipp-klapp."
Zweimal in die Hände klatschen.

„Schwipp-schwapp, ... schnipp-schnapp"
Ebenfalls zweimal in die Hände klatschen.

Mit der Bimmelbahn

Text und Melodie: E. Schirmer

„Heute fahr ich auf den Berg mit der Bimmelbahn."
Linker Ellenbogen und Unterarm liegen auf dem Tisch, die Schulter ist der Berg.

„Ach, der Berg ist gar so hoch, langsam geht's voran."
Die rechte Hand „fährt" langsam auf dem Arm nach oben.

„Bin ich oben angelangt, ruhe ich mich aus."
Eine Hand über die Augen halten, das Kind schaut nach allen Seiten.

„Seh die Sonne"
Finger spreizen, die Daumen berühren sich (Sonnenstrahlen).

„seh ein Häschen"
Die Hände deuten Hasenohren am Kopf an.

„seh ein kleines Haus."
Die Handflächen zeigen ein schräggestelltes Dach an.

„Dann fahr ich den Berg hinab mit der Bimmelbahn ..."
Die rechte Hand fährt von der Schulter wieder rasch abwärts.

Ein Berg kann auch das angewinkelte Knie sein, an dem die Bimmelbahn hoch- und herunterfährt.

Heut mach ich Musik

Text und Melodie: E. Schirmer

Ein Spiel für die rechte und die linke Hand, es kann auch von zwei Kindern dargestellt werden.

„Heut mache ich Musik, und du hörst zu."
Beide Ellenbogen auf den Tisch stützen, die rechte Hand hin und her drehen, mit dem Zeigefinger auf die linke Hand zeigen.

„Nein, heut mach ich Musik, und du hörst zu."
Die linke Hand dreht sich und zeigt auf die rechte.

„Ich spiel auf dem Klavier, tip-tip-tip . . ."
Mit den Fingern der rechten Hand auf dem Tisch Klavier spielen.

„Nein, ich spiel auf dem Klavier, tip-tip-tip . . ."
Mit den Fingern der linken Hand auf dem Tisch Klavier spielen, die andere Hand liegt still.

„Nein, so geht es nicht! Das macht keinen Spaß . . .
(bis dideldei)"
Zum Schluß einigen sich beide Hände und – musizieren gemeinsam.

Es können bei Wiederholungen weitere Arten des Musizierens dargestellt werden (Geigen, Flöten, Trommeln, Zupfen u. ä).

Vögelein im hohen Baum

Text und Melodie: E. Schirmer

„Vögelein im hohen Baum baut ein kleines Nest."
Mit der linken hohlen Hand ein Nest formen.

„Liegen drin vier Eierlein"
Der rechte Zeigefinger tippt in die hohle Hand.

„schlüpfen aus vier Vögelein, sperren auf die Schnäbelein, wollen Futter haben."
Die linke Hand umschließt die vier Finger der rechten Hand, bei „Schnäbelein" Daumen zum Zeigefinger hin auf- und zuklappen.

„Bald schon fliegen sie hinaus auf das Dach vom Haus – husch-husch!"
Die linke Hand gibt die gefangenen Finger frei, mit den Armen das Wegfliegen nachahmen.

GUTEN TAG, HERR KUGELRUND

Text und Melodie: E. Schirmer

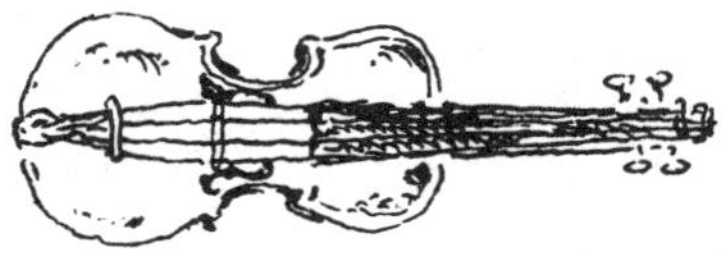

„Guten Tag, Herr Kugelrund!"
Beide Hände zu Fäusten ballen, nur die Daumen sind aufgerichtet, ein Daumen nickt.

„Guten Tag, Frau Bleibgesund!"
Der zweite Daumen grüßt zurück.

„Wollte nur mal fragen, ob wir ein Tänzchen wagen?"
Die Daumen berühren sich.

„Mal vor, mal zurück, doch wer macht die Musik?"
Die Handgelenke so überkreuzen, daß sich die Daumen aneinander lehnen und vor- und zurücktanzen können.

„Der Zeigeling . . ."
Dem Text entsprechend die Finger einzeln aufrichten.

„Dann geht's mit Dideldum immer rundherum."
Die zehn aufgerichteten Finger bilden einen Kreis und tanzen herum.

Meine Hände, meine Fingerlein

Text und Melodie: E. Schirmer

2. Meine Hände, meine Fingerlein
wollen schon am Morgen fleißig sein.
Wasser kalt und Wasser warm,
waschen sie Gesicht und Hals und Arm.

3. Meine Hände, meine Fingerlein
wollen schon am Morgen fleißig sein.
Ziehn mir an die Strümpf und Schuh,
knöpfen alle meine Knöpfe zu.

4. Meine Hände, meine Fingerlein
wollen schon am Morgen fleißig sein.
Gießen Milch ins Becherlein,
und sie streichen mir ein Brot gar fein.

„Meine Hände, meine Fingerlein wollen schon am Morgen fleißig sein."
Hände hin und her drehen, die Finger spreizen und zappeln lassen.

„Wenn ich grade aufgewacht, haben sie das Fenster aufgemacht."
Augen reiben und danach das Fensteröffnen nachahmen.

„Wasser kalt und Wasser warm, waschen sie Gesicht und Hals und Arm."
Dem Text entsprechend die Körperpflege nachahmen.

„Ziehn mir an die Strümpf und Schuh, knöpfen alle Knöpfe zu."
Das Anziehen nachahmen.

„Gießen Milch ins Becherlein, und sie streichen mir ein Brot gar fein.
Die Tätigkeiten wie Eingießen und Brotbestreichen nachahmen.

Klopfe, Hämmerlein

Text und Melodie: E. Schirmer

„Klopfe, klopfe, Hämmerlein, Häuschen wird bald fertig sein."
Mit der rechten Faust in die geöffnete linke Hand klopfen.

„Dach und Tür und Fensterlein und der Schornstein obendrein."
Die Handflächen zeigen ein schräggestelltes Dach; Tür, Fenster und Schornstein werden in die Luft gemalt.

„Wer wohnt in dem Haus?"
Die Kinder schauen sich fragend um.

„Hund und Katze und die Maus."
An den Fingern die drei Tiere abzählen.

„Sie wackeln mit den Schwänzchen bei ihrem lust'gen Tänzchen."
Die Daumen wackeln hin und her.

Am Telefon

Text und Melodie: E. Schirmer

Auf die Fingernägel der linken Hand werden die Zahlen 1 bis 5 mit Faserstift geschrieben.

„1 – 2 – 3 – 4 – 5 – Hallo! Ist da meine Omama? Hab ich sie gefunden?“
Der rechte Zeigefinger tippt die Zahlen in die Tasten (die Fingernägel) ein und legt dann die rechte Faust als Hörer ans Ohr.

„Nein, hier ist der Weihnachtsmann.“
(der Osterhas)
(der Klapperstorch)
(ein Elefant)
(das Krankenhaus)
(die Polizei)

Jetzt wird die linke Faust als Hörer ans Ohr gelegt und so fort im Wechsel.

„Leider falsch verbunden! Tuttut – tuttut“
Der „Hörer“ wird in die andere Hand abgelegt.

Katz und Maus

überliefert

Mit einer Hand (geschlossene Faust) das „Haus“ darstellen. Das „Mäuschen“ (der Daumen) schaut zwischen dem Ringfinger und dem Mittelfinger heraus. Die andere Hand ist das „Kätzchen“, es schleicht (Finger trippeln) auf das Häuschen der Maus zu, umschließt es (die Hand) mit einem Satz. Das „Mäuschen“ springt heraus, die erste Hand wird unter der anderen schnell weggezogen.

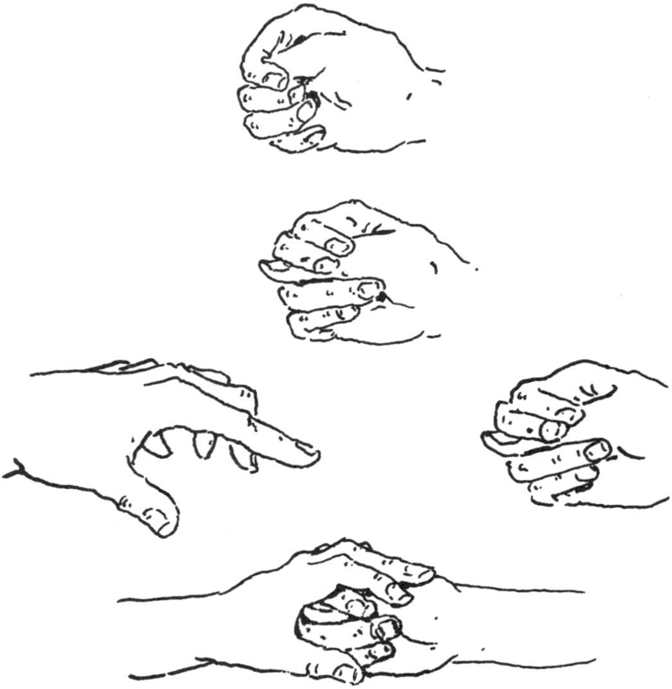

Register

* Texte von Erika Schirmer

Quellennachweis

Austermann, Marianne / Wohlleben, Gesa; Zehn kleine Krabbelfinger daraus: „Hochziehen“, „Berliner Strampellied“, „Fährt ein Schifflein“, „Zehn kleine Krabbelfinger“ Kösel Verlag, München 1991

Bender, Wilhelm: „Falle, Falle, Falle“
Verlag B. Schott's Söhne, Mainz

Cratzius, Barbara; Noch mehr Fingerspiele und andere Kinkerlitzchen daraus: „Komm heraus, Maus“, „Kleiner Zwerg, komm tanz mit mir“, „Mickymaus Lied“
Rowohlt Taschenbuch Verlag GmbH, Reinbek 1989

Jacobs, Rita; Musik für kleine Kinder
daraus: „Das ist der Daumen“ und
Friedel Lenz „Füßlein klein“
Verlag Urachhaus, Stuttgart

Losch, Gertrud; Kinderspiele
daraus: „Markttag“, „Die Obstfrau ruft“,
Voggenreiter Verlag, Bonn

Pausewang, Elfriede; Die Unzertrennlichen – Neue Fingerspiele 2
daraus: „Verstecken“, „Rechte Hand, linke Hand“
Don Bosco Verlag, München 22. Aufl. 1990

Pousset, Raimund; Fingerspiele und andere Kinkerlitzchen
daraus: „Hick und Hack“, „Die kleine Raupe Nimmersatt“, „Der Milchtopf“, „Ohren trocknen“, „Leih mir deine Hand“, „Der Hausbau“, „Fingertanz“, „Bei Müllers hat's gebrannt“,

„In Amerika“, „Kleiner Hampelmann“
„Das ist der Daumen Doppeldick“
Rowohlt Taschenbuch Verlag GmbH, Reinbek 1983

Sutejew, Wladimir; Miezekatz und Dotterküken in Anlehnung an die deutsche Übersetzung: „Küken und Entlein“
Altberliner Verlag, Berlin

Wir danken den folgenden Autoren für die Abdruckgenehmigung ihrer Texte:
Hüttner, Hannes: „Seife und Hahn“
Mund, Elfriede: „Sagt ein Beinchen“
Weinert, Erich: „Eine Segelbootpartie“

Wir haben uns bemüht, alle Rechteinhaber ausfindig zu machen. Sollten wir eine Quelle nicht genannt haben, bitten wir die entsprechende Person, sich mit uns in Verbindung zu setzen.

WEITERE BÜCHER FÜR ELTERN UND ERZIEHER

Susanne Stöcklin-Meier
Eins, zwei, drei – ritsche, ratsche, rei
Lustige Kinderverse zum Necken, Tanzen, Klatschen, Hüpfen, Spielen und Singen.
ISBN 3-473-**41070**-5

Dorothee Kreusch-Jacob / Doris Rübel
Das Musikbuch für Kinder
Das Standardwerk für Eltern und Erzieher, die Kindern spielerisch einen Zugang zur Musik verschaffen wollen.
ISBN 3-473-**41011**-X

Rolf Zuckowski
Vogelhochzeit
Ein fröhliches Singspiel um das Vogel- und Familienleben, mit allen Anweisungen für ein gutes Gelingen.
ISBN 3-473-**41069**-1